Vorwort

Prüfungswissen kompakt für Wirtschafts- und Sozialkunde bietet für die Berufe im gewerblichen Bereich eine übersichtliche Zusammenfassung des aktuellen prüfungsrelevanten Stoffes zur Vorbereitung auf die Abschlussprüfung sowie im Vorfeld bereits auf die betriebliche und schulische Leistungsmessung, den Ausbildern in den Betrieben und den Lehrkräften in der Berufsschule, aber insbesondere den gewerblichen Auszubildenden selbst zur Kontrolle des Ausbildungsstandes.
Dabei folgt der Aufbau des vorliegenden Buches der neuen Aufgabenstruktur des **PAL-Systems** für gewerbliche Ausbildungsberufe:

PAL seit 2010:	▪ gebundene Aufgaben	**U1–U75**
	▪ ungebundene Aufgaben	**001–362**
PAL bis 2009:	gebundene Aufgaben	001–864

Der PAL-Fachausschuss hat die Struktur der Prüfungsaufgaben in WiSo zum Termin 2016/2017 umgestellt. Neu ist, dass sich künftig alle Aufgaben auf eine fiktive Musterfirma beziehen und so in einen Situations- und Sinnzusammenhang gestellt werden.

Das Buch bietet für jeden Lernfeldbereich WiSo in kurzen Stichworten und Schaubildern den passenden Lernstoff und verknüpft diesen jeweils mit dem Nummern-System der PAL-Aufgabenbank (Testaufgaben) und damit dem System der programmierten Prüfung WiSo in den gewerblichen Ausbildungsberufen.

Jedem Kapitel ist eine einleitende Übersichtsseite vorangestellt, deren grafische Aufbereitung Abläufe und Zusammenhänge verdeutlicht und die wichtigsten Lerninhalte auf einen Blick bietet. Die einzelnen Inhalte finden Sie in den entsprechenden Kapiteln kurz und kompakt beschrieben.

Mit *Prüfungswissen kompakt für Wirtschafts- und Sozialkunde* bereiten Sie sich nicht nur schnell und zielgerichtet auf Ihre Prüfung vor, sondern auch auf den Unterricht. Verwenden Sie den Titel ebenso zur gezielten Wiederholung einzelner Themen wie auch als Nachschlagewerk.

Dieser Titel zeichnet sich durch **Lernen in Stichworten, einer komprimierten Fachsystematik entsprechend dem aktuellen PAL-System,** aus und bietet eine solide Grundlage für die optimale Prüfungsvorbereitung.

Verlag und Autor sind für weitere Anregungen und Kritik dankbar.

Meinolf Schlüter

Inhaltsverzeichnis

1 Berufsbildung

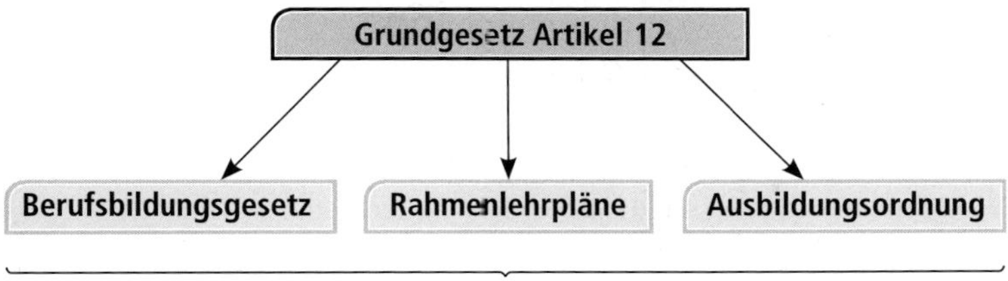

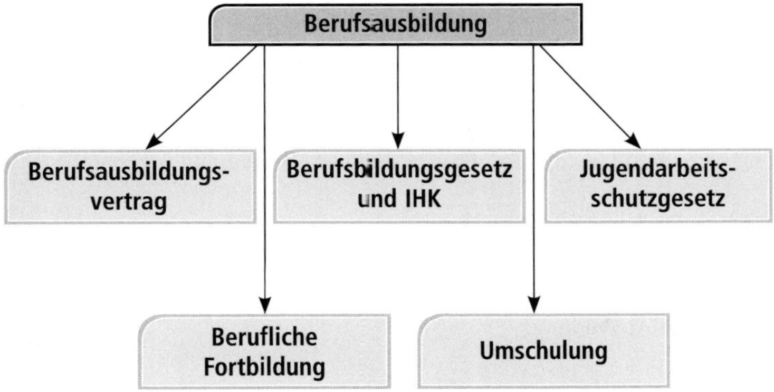

1.1 Grundgesetz Artikel 12 001

- Recht der freien Berufswahl
- Recht der freien Arbeitsplatzwahl
- Recht der freien Ausbildungsplatzwahl (abhängig von der Art und dem Umfang des örtlichen Angebotes)

1.2 Berufsbildungsgesetz (BBiG) **004/040–047** 003–015

- wichtigste rechtliche Grundlage im dualen System
- Ausbildender = die Unternehmung
- Ausbilder = die Person, die im Unternehmen verantwortlich ist
- Ausbildungsbegründung:
  – Auszubildende haben bessere Berufsperspektiven als Jungarbeiter
  – Auszubildende haben meist geringeres Einkommen als Jungarbeiter
  – Facharbeiter: bessere Aufstiegsmöglichkeiten
  – ungelernte Arbeiter: hohes Arbeitsplatzrisiko
- Aufgaben der Berufsschule:
  – Vermittlung der fachtheoretischen Kenntnisse
  – Erweiterung der allgemeinen Bildung
- Zusammenwirken von Ausbildungsbetrieb und Berufsschule
- Gesetzgebung für die Berufsausbildung ist „Bundesangelegenheit"

1.3 Rahmenlehrpläne

Rahmenlehrpläne für Berufsschulen werden vom Kultusministerium des jeweiligen **Bundeslandes** erlassen. Sie enthalten Ziele und Inhalte der **schulischen** Ausbildung.

1.4 Ausbildungsordnung

- staatliche Anerkennung der Ausbildungsberufe durch das Bundesministerium für Wirtschaft und Technologie.
- Grundlage jeder geordneten und einheitlichen betrieblichen Berufsausbildung
- Inhalt der Ausbildungsordnung u. a.:
  – Bezeichnung des Ausbildungsberufes
  – Dauer der Ausbildung
  – enthält alle für die spätere Berufstätigkeit erforderlichen Kenntnisse und Qualifikationen

U 1–4/11/15
003–007
016–029

1.5 Berufsausbildungsvertrag

Schriftform (wesentlicher Inhalt)

- Dauer der Probezeit mindestens ein Monat, maximal vier Monate
- Kündigung während der Probezeit sofort ohne Kündigungsfrist
- Kündigung nach der Probezeit: Frist von vier Wochen, wenn anderer Ausbildungsberuf gewünscht (schriftlich)
- Dauer der Ausbildung
- regelmäßige tägliche Arbeitszeit
- Vergütung (Mindestsatz = Tarifvertrag) und ggf. staatliche Berufsausbildungsbeihilfe/-förderung (SGB III) bei fehlender Gesamtlebensbedarfsdeckung abhängig vom Einkommen des Auszubildenden und seiner Eltern
- Urlaubsanspruch
- Unterschriften: Ausbildender, Auszubildender und gegebenenfalls dessen gesetzlicher Vertreter bei Minderjährigen
- Kopie für Auszubildenden

Rechtliche Verpflichtungen durch Abschluss des Berufsausbildungsvertrages

U 22
030–047

Ausbildender:

- die in der Ausbildungsverordnung genannten Fertigkeiten und Kenntnisse während der Ausbildung vermitteln
- Ausbildung zeitlich und sachlich gegliedert durchführen
- zum Besuch der Berufsschule freistellen und anhalten
- Berufsschulpflicht
  - Ausbildungsbeginn vor dem 21. Lebensjahr
  - an Berufsschultagen mit mehr als fünf Unterrichtsstunden: keine weitere betriebliche Ausbildung möglich (einmal pro Woche)
  - Der Berufsschultag von > fünf Schulstunden wird tariflich wie ein 8-Stunden-Arbeitstag gewertet (Rechtsprechung Bundesarbeitsgericht).
- nur Aufgaben übertragen, die dem Ausbildungszweck dienen
- den Auszubildenden zur Führung eines Berichtsheftes verpflichten
- kostenlos **besondere** Arbeitskleidung (z. B. Schutzhandschuhe, Helm) zur Verfügung stellen
- Ausbildungsmittel zur Verfügung stellen (z. B. Werkzeuge, Werkstoffe)
- Auszubildenden zu den Prüfungen freistellen
- keinerlei Arbeitseinsatz verlangen (z. B. Vertretung, Kurzarbeit)
- tarifliche Ausbildungsvergütung zahlen

Auszubildender:
- sorgfältige Durchführung übertragener Aufgaben/Verrichtungen im Rahmen der Ausbildung
- Teilnahme an Ausbildungsmaßnahmen, für die eine Freistellung erfolgte
- Befolgung von Weisungen im Rahmen der Berufsausbildung
- Beachtung der Betriebsordnung
- pflegliche Behandlung von Werkzeugen, Einrichtungen
- Lernpflicht, Verschwiegenheitspflicht
- Berichtsheftführung

Antrag vom Auszubildenden auf vorzeitige Zulassung zur Abschlussprüfung möglich

Zustimmung:
- Berufsschule (Notendurchschnitt von mind. 2,5 in beruflich prüfungsrelevanten Fächern)
- Arbeitgeber (Ausbildender), gegebenenfalls Prüfungsausschuss

Antrag vom Auszubildenden auf Verlängerung der Ausbildungszeit

maximal ein Jahr bei nicht bestandener Abschlussprüfung (Arbeitgeber muss auf Antrag des Auszubildenden und ggf. des gesetzlichen Vertreters zustimmen)

Übernahme ins Arbeitsverhältnis nach der Ausbildung **006**
- keine gesetzliche Verpflichtung
- gegebenenfalls sechs Monate/ein Jahr laut Tarifvertrag
- drei Monate vor Ausbildungsende muss Mitteilung schriftlich an Auszubildenden erfolgen, wenn kein Arbeitsverhältnis geplant ist

1.6 Berufsbildungsgesetz und IHK

U 10–14
048–051
048–079

- § 1 Berufsbildungsgesetz (BBiG):
  - Berufsausbildungsvorbereitung
  - Berufsausbildung (Erstausbildung)
  - Berufliche Fortbildung (Weiterbildung im ausgeübten Beruf)
  - Berufliche Umschulung (Berufswechsel)
- Die IHK bestimmt durch Überprüfungen und Absprachen, welcher Betrieb ausbilden darf.
- **Aufgaben der IHK:**
  - Feststellen der Eignung (persönlich und fachlich) der Ausbildungsstelle
  - Führung des Verzeichnisses der Ausbildungsverträge
  - Überwachung der Durchführung der Berufsausbildung

- Errichten von Prüfungsausschüssen
- Durchführen von Zwischen- und Abschlussprüfungen sowie Erstellen von Prüfungsordnungen
- Prüfungstermine festlegen
- Prüfungszeugnis erstellen
- über Widerspruch entscheiden
- Ergebnisse des Prüfungsausschusses dürfen nicht abgeändert werden
- Beratung von Auszubildenden bei der Durchführung der Berufsausbildung

Abschlussprüfung

In der schriftlichen wie auch in der praktischen Prüfung müssen mindestens 50 % der Punktzahlen erreicht werden. Die Gesamtprozentzahl der Theorie setzt sich aus den Kategorien Technologie, technische Mathematik, Arbeitsplanung und Wirtschaftslehre zusammen. Jedoch sind 50 % Grundvoraussetzung.

Bei Elektroberufen besteht die Besonderheit, dass die Kategorie Arbeitsplanung entfällt und stattdessen Schaltungs- und Funktionsanalyse geprüft werden. Sollte ein Auszubildender bei der Abschlussprüfung durchfallen und sein Widerspruch abgelehnt werden, so kann noch eine Anfechtungsklage bei der IHK erhoben werden. Die Abschlussprüfung darf maximal zweimal wiederholt werden.

1.7 Lebenslanges Lernen

U 14/38–41
192–197/200–205/208
080–088

1.7.1 Berufliche Fortbildung

Weiterbildung (SGB III Arbeitsförderung/ AFBg Ausbildungsförderungsgesetz)

Sich den wandelnden Anforderungen des Arbeitslebens anpassen, denn technische und wirtschaftliche Anforderungen ändern sich immer schneller. Informationen über Berufschancen = Agentur für Arbeit (Fortbildung oder Umschulung) = „Lebenslanges Lernen"

Fortbildung baut auf abgeschlossener Berufsausbildung auf und/oder ausreichender Berufspraxis/Weiterbildung in einem erlernten Beruf.

Beispiele:
- *Der DGB führt für Facharbeiter Lehrgänge in Elektronik durch.*
- *Die Berufsschule führt einen Lehrgang zur Vorbereitung auf die Facharbeiterprüfung durch.*
- *IHK-Lehrgänge für Industriemeister*

1.7.2 Umschulung

U 14–15
198–199/206–207
089–098

▶ Ausbildungsmaßnahme für Erwachsene, die den Übergang in eine andere, zukunftsorientierte Tätigkeit ermöglichen soll (IHK-Abschlussprüfung)/Berufswechsel
- Ausbildung in staatlich anerkannten Ausbildungsberufen
- gefördert durch die Agentur für Arbeit

Sozialgesetzbuch SGB: Abbau von Arbeitslosigkeit und unterwertiger Beschäftigung

Voraussetzungen
- in der Regel bereits abgeschlossene Ausbildung
- neue zukunftsorientierte Ziele
- ohne vorherige Ausbildung: mindestens fünf Jahre beruflicher Tätigkeit
- Erworbene Kenntnisse sind überholt oder werden in der Arbeitswelt nicht mehr verlangt.
- Berufsunfähigkeit

U 42–43/75
209–215

1.8 Lernen in Europa/Weltwirtschaft

- Die **Europäische Sozialcharta (ESC)** ist ein Abkommen zur Garantie sozialer Grundrechte für alle EU-Bürger.
- Der **Europäische Binnenmarkt** ist der gemeinsame Wirtschaftsraum der Staaten der EU.
  Grundfreiheiten:
  - Personenverkehr
  - Dienstleistungsverkehr
  - Kapitalverkehr
  - Warenverkehr
- **Europass:** Dokumentation der persönlichen Fähigkeiten, Kompetenzen und Qualifikationen
  Bausteine:
  - Bestätigungen i. d. R. durch IHK und Weiterbildungsinstitutionen
  - Lebenslauf
  - Sprachendokument
  - Zeugniserläuterungen
  - Mobilitätsnachweis
- **Europäisches Förderprogramm „Leonardo“:** Aus- und Weiterbildung in Europa
- **Globalisierung:** freier und ungehinderter weltweiter Güter-, Dienstleistungs- und Kapitalaustausch

2 Betriebswirtschaft/ Unternehmensanalyse

Ökonomie – Wirtschaft

099–107

Makroökonomie → **Volkswirtschaftslehre**

alle wirtschaftlichen Überlegungen, die die Summe aller Unternehmen/Betriebe in einem wirtschaftlich abgegrenzten Gebiet betreffen

Beispiele:

- *Konjunktur*
- *Zinsentwicklungen*
- *Arbeitslosigkeit*
- *Steuerverhältnisse*
- *Devisenwirtschaft*

Mikroökonomie → **Betriebswirtschaftslehre**

alle wirtschaftlichen Überlegungen, die das einzelne Unternehmen/Betrieb individuell anzustellen hat

Betriebswirtschaftslehre/Unternehmensanalyse

Betriebswirtschaftslehre

- Verfahrenstechnik
- Organisationslehre

Beispiele:

- *Finanzmathematik*
- *Kostenrechnung*
- *Organisationsmittel*

Allgemeine Betriebswirtschaftslehre

alle Probleme betrieblicher Entscheidungen, die den Unternehmen aller Wirtschaftszweige gemeinsam sind

Beispiele:

- *Kaufvertragsrecht*
- *Zahlungsverkehr*
- *Unternehmensformen*

Spezielle Betriebswirtschaftslehre

Betriebswirtschaftslehre einzelner Wirtschaftszweige

Beispiele:

- *Handelsbetriebslehre*
- *Bankbetriebslehre*
- *Industriebetriebslehre*

2.1 Wirtschaftsordnungen

099–107

Idealtypische Modelle der Wirtschaftsordnung

Freie Marktwirtschaft

- individualistische Wirtschaftsordnung
- dezentrale Lenkung, d.h., der Wirtschaftsprozess steuert sich selbst über den Markt

Kennzeichen

- freier Wettbewerb, offene Märkte
- keine staatlichen Eingriffe (Nachtwächterstaat)
- Individualplanung, -risiko
- Vertrags-, Gewerbe- und Konsumfreiheit
- Gewinnmaximierung der Unternehmen
- Nutzenmaximierung der Haushalte
- Privateigentum
- freie Berufs- und Arbeitsplatzwahl
- freie Lohnbildung

Probleme

- Gefahr der Monopolisierung durch Vertragsfreiheit
- Gefahr der Zerstörung der Wettbewerbsfreiheit
- Benachteiligung der Arbeitnehmer und sozial Schwacher

Hemmungslose Freiheit

Planwirtschaft

- kollektivistische Wirtschaftsordnung
- zentrale Lenkung, d.h. Steuerung des Wirtschaftsprozesses durch staatliche Planungsbehörden

Kennzeichen

- Regelung des Marktgeschehens durch den Staat (Investition und Verbrauch quantitativ und qualitativ geplant nach regionalem und **zeitlichem** Bedarf)
- Prinzip der Planerfüllung
- Staats-/Kollektiveigentum
- staatliche Reglementierung von Berufs- und Arbeitsplatzwahl
- Festlegung von Preisen und Löhnen durch den Staat
- Zuteilung von Gütern über Bezugsscheine

Probleme

- Schwerfälligkeit einer allmächtigen Bürokratie
- staatliche Planungsfehler wirken auf gesamte Volkswirtschaft
- fehlender Leistungsanreiz als Bremsklotz wirtschaftlichen Wachstums
- Bevormundung von Individuen

Absoluter Zwang

- Idealtypische Wirtschaftsordnungen lassen sich in der Praxis nicht verwirklichen.
- Realtypische Wirtschaftsordnungen verzahnen die idealtypischen Elemente.

Definition Wirtschaftsordnung

Die Befriedigung von Bedürfnissen durch Güter vollzieht sich am Markt in einer bestimmten Ordnung (Wirtschaftsordnung). Diese ist:

- „Die Summe aller für die Wirtschaft einer Gesellschaft geltenden Regeln"
- „Der organisatorische und rechtliche Rahmen für die Struktur, die Funktionsweise und die Integration von Einzelwirtschaften in einer arbeitsteiligen Volkswirtschaft"

291/361–362
099–107

Soziale Marktwirtschaft

▶ Realtypische Wirtschaftsform, entwickelt aus den idealtypischen Wirtschaftsordnungen; Verbindung des Prinzips der Freiheit auf der Grundlage der Marktwirtschaft mit dem des sozialen Ausgleichs und der sozialen Gerechtigkeit sowie der Sicherheit und des sozialen Fortschritts.

„So viel Freiheit wie möglich, so viel staatlicher Zwang wie nötig."

Väter der sozialen Marktwirtschaft: Alfred Müller-Armack, Walter Eucken, Ludwig Erhard

Merkmale

- soziale Gestaltung der Marktwirtschaft durch Rahmenbedingungen geschaffen durch die Wirtschafts-, Finanz- und Gesellschaftspolitik des Staates
- Verhinderung von Missbrauch durch wirtschaftliche Macht
- Staat ist Wächter für die Funktion von Wettbewerb (Kartellgesetz)
- erwerbswirtschaftliches Prinzip
- Angebot und Nachfrage steuern den Markt
- Privateigentum und Staatseigentum
- gesetzliche Regelungen zum Schutz schwächerer Vertragspartner
- aus Öffentlichen Haushalten werden öffentliche Unternehmen zum Teil finanziert, z. B. Theater, Schwimmbäder, Verkehrsbetriebe
- marktkonforme Lenkungsmaßnahmen (Bildungspolitik, Steuerpolitik, Umschulungen, ...)
- Lohnleitlinien (Mindestlöhne, Arbeitszeitordnung)
- eingeschränkte Gewerbefreiheit zur Sicherung und zum Schutz der Bevölkerung
- Bejahung des Leistungsprinzips mit sozialer Absicherung (z. B. für Kranke, Jugendliche und alte Menschen)

Wirtschaftspolitische Ziele
Vollbeschäftigung, Preisniveaustabilität, Wirtschaftswachstum, außenwirtschaftliches Gleichgewicht der Zahlungsbilanz

Sozialpolitische Ziele
soziale Sicherheit (Sozialgesetzgebung), gerechte Einkommens- und Vermögensverteilung, Chancengleichheit, Tarifautonomie der Vertragspartner

338–341/351/359
099–107

2.2 Güter und Bedürfnisse

Arten der Bedürfnisse

- Existenzbedürfnisse
- Kulturbedürfnisse
- Luxusbedürfnisse

- individuelle Bedürfnisse
- kollektive Bedürfnisse

- materielle Bedürfnisse
- immaterielle Bedürfnisse

- **Bedürfnisse:** Mangelempfinden mit dem Wunsch, es abzustellen
- **Bedarf:** die mit Kaufkraft (aufgrund von Einkommen oder Kredit) ausgestatteten menschlichen Bedürfnisse
- **Güter:** (gebündelte Nutzenmengen) die Mittel, die zur Befriedigung menschlicher Bedürfnisse eingesetzt werden
  - freie Güter: in beliebiger Menge ohne Gegenleistung verfügbar
  - wirtschaftliche (knappe) Güter: in begrenzter Menge gegen Entgelt verfügbar

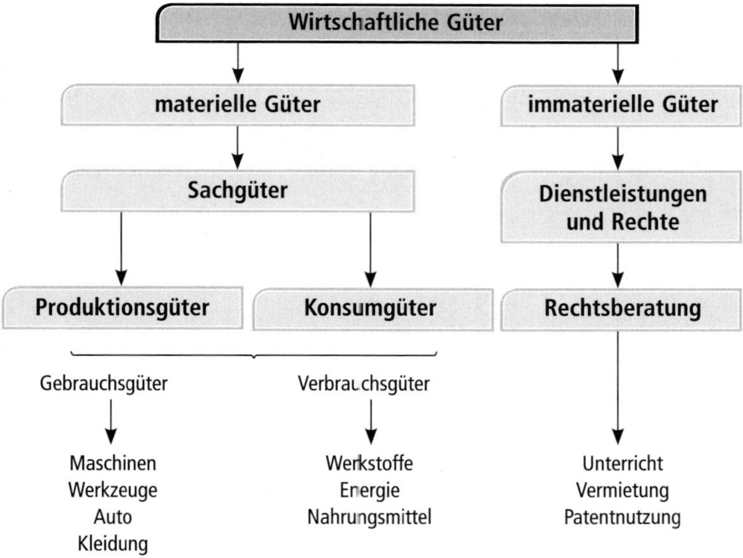

Anmerkung:

- Substitutionsgüter (Ersatzgüter): Butter/Margarine
- Komplementärgüter (Ergänzungsgüter): Staubsauger/Filterpapier
- In einer modernen Volkswirtschaft stellt niemand mehr alle benötigten Güter selbst her. Es gilt das Prinzip der Arbeitsteilung.

2.3 Gliederung der Wirtschaft

288–289
108–119

Produktionsstufen der Wirtschaft

Urerzeugung

Gewinnung des Urproduktes direkt aus der Natur

Beispiele:
- *Bergbau*
- *Land- und Forstwirtschaft*
- *Fischerei*
- *Öl- und Gasgewinnung*
- *Steinbrüche*

Veredelungsstufe

Aufbereitung des Urproduktes zum Zwischenprodukt
⇨ Grundstoff- und Produktionsgüterindustrie

Beispiele:
- *Hüttenwerke*
- *Maschinenbau*
- *Raffinerien*
- *Spinnereien*

Verarbeitungsstufe

Herstellung des Endproduktes

Herstellung zum weiteren Produktionseinsatz
⇨ **Produktions- und Investitionsgüterindustrie**

Herstellung zum endgültigen Verbrauch
⇨ **Konsumgüterindustrie**

108–119

Typologie von Industriebetrieben

1. nach der Vermögensstruktur

anlagenintensiv

Beispiel:
Automobilindustrie

vorratsintensiv

Beispiele:
- *Holzindustrie*
- *Lederindustrie*
- *Konservenindustrie*

forderungsintensiv

Beispiel:
Schiffbau

Typologie von Industriebetrieben 168–173

2. nach der Kostenstruktur

lohnintensiv

Beispiele:
- *Baugewerbe*
- *Optik*
- *Feinmechanik*
- *Textilindustrie*

materialintensiv

Beispiele:
- *Maschinenbau*
- *Automobilindustrie*

energieintensiv

Beispiele:
- *Hüttenindustrie*
- *Aluminiumindustrie*

Typologie von Industriebetrieben 180–186

3. nach der Größe

Kleinbetriebe

bis 50 Beschäftigte
Beispiel:
Lampenindustrie

Mittelbetriebe

50 bis 500 Beschäftigte
Beispiel:
Gießereien

Großbetriebe

über 500 Beschäftigte
Beispiel:
Ölkonzern

299–300

Merkmale eines typischen Industriebetriebes

108–119, 184–186

- Leitung und Verwaltung; vorwiegend nach neuesten Erkenntnissen wirtschaftlicher Unternehmensführung
- Vielzahl un- oder angelernter Arbeitskräfte; ergänzt durch spezialisierte Facharbeiter
- Produktion in der Regel für den anonymen Markt
- automatisierte oder vollautomatische Produktion
- Anlagenintensität: Vielzahl von Spezialmaschinen mit hohem Fixkostenanteil (feste Kosten, die unabhängig von der Produktionsmenge anfallen)
- detaillierte Kostenrechnung: EDV-Anlagen
- Kapitalgesellschaften: juristische Personen
- Personengesellschaften: natürliche Personen

Aufstellung der Industrietypen und -branchen

108–119

Industrietypen Industriegruppen	Industriebranchen Industriezweige
Grundstoff- und Produktionsgüterindustrie	▪ Bergbau (Kohle, Erze, Salze) ▪ eisenschaffende Industrie ▪ NE-Metallindustrie ▪ Steine und Erden ▪ Mineralölverarbeitung ▪ chemische Industrie ▪ Sägewerke und Holzbearbeitung ▪ Zellstoff-, Papier-, Pappindustrie
Investitionsgüterindustrie	▪ Stahl- und Leichtmetallbau ▪ Maschinenbau ▪ Fahrzeugbau ▪ Schiffsbau ▪ elektronische Industrie ▪ feinmechanische und optische Industrie ▪ Eisen-, Blech-, Metallwarenindustrie
Verbrauchsgüterindustrie	▪ keramische Industrie ▪ Glasindustrie ▪ holzverarbeitende Industrie ▪ Musikinstrumenten-, Spiel-, Schmuckwaren- und Sportgeräteindustrie ▪ Papier- und Pappeverarbeitung ▪ Druckindustrie ▪ kunststoffverarbeitende Industrie ▪ Lederindustrie ▪ Schuhindustrie ▪ Textilindustrie ▪ Bekleidungsindustrie
Nahrungs- und Genussmittelindustrie	▪ Mühlenindustrie ▪ Nährmittelindustrie ▪ Zuckerindustrie ▪ Backwarenindustrie ▪ Süßwarenindustrie ▪ Molkereiindustrie ▪ obst- und gemüseverarbeitende Industrie ▪ Fischindustrie ▪ Brauereiindustrie ▪ Tabakindustrie

2.4 Unternehmen und Betrieb

Marktorientierung der Industriebetriebe 120–128

- Der rechtliche und organisatorische Rahmen für den Aufbau, Ablauf und das Zusammenwirken der Einzelwirtschaften in der arbeitsteiligen Volkswirtschaft Deutschland ist die Soziale Marktwirtschaft.
- Der Markt, der Ort des Zusammentreffens von Angebot und Nachfrage, lässt sich grundsätzlich als Beschaffungsmarkt und Absatzmarkt kennzeichnen (Bsp. für weitere Märkte: Arbeitsmarkt, Kreditmarkt u. Ä.).
- Das Geschehen auf diesen Märkten nimmt direkten Einfluss auf die Produktion (Lieferengpässe, -termine, Qualitäten einerseits und Kundenwünsche hinsichtlich der Anzahl, der Differenzierungen und Ausstattungen einzelner Produkte andererseits).
- Wettbewerbsvorteile werden durch konsequente Kundenorientierung erreicht. So dürfen aber nicht nur die Erwartungen der Endabnehmer erfüllt werden, sondern jeder Mitarbeiter muss sein Handeln auf die Bedürfnisse aller vor- und nachgelagerten Prozesse der Wertschöpfungskette ausrichten, **d. h., Vorgesetzte und eigene Mitarbeiter sind als Kunden zu betrachten**.

- **Kundenorientierte Prozesse** erfordern:
  - besser zu sein als die Konkurrenz
  - schneller zu sein als die Mitbewerber
  - schlanker zu sein als die Konkurrenz
  - eine kundenorientierte Strategie und Kommunikation
  - eine kundenorientierte Organisation
  - eine Partnerschaft mit den Lieferanten (Supply management)
  - ein Total Quality Management
  - ein Time Based Management (Zeitwettbewerb)

2.5 Unternehmensziele/Existenzgründung

- Existenzgründer müssen Ziele setzen und umsetzen können.
- Existenzgründer leasen/mieten häufig, um eine hohe Kapitalbindung zu vermeiden.
- Existenzgründer bringen Eigenkapital auch als Sachkapital ein.

290/292/304–305/344/352/356–357
164–167

Ziele

→ **Formalziele**

Gewinnerzielung
- Umsatzmaximierung
- Kostenminimierung
- Marktanteilsmaximierung
- Produktivitätssteigerung

$$\text{Produktivität} = \frac{\text{Output}}{\text{Input}} \quad \text{nicht in €}$$

- hohe Wirtschaftlichkeit

$$\text{Wirtschaftlichkeit} = \frac{\text{Leistung}}{\text{Kosten}} \quad \text{in €}$$

Andere Formalziele
- hohe Qualität
- gutes Image
- soziale Absicherung der Mitarbeiter
- sichere Arbeitsplätze
- gute Ausbildung
- Umweltschutz
- Sicherung des Fortschritts

→ **Sachziele**

= Leistungserstellung

- Produktion und Absatz fertiger Erzeugnisse
- Anwendung eines bestimmten Fertigungsverfahrens
- Einrichtung eines bestimmten Vertriebsweges
- Beschaffung von Materialien festlegen
- Lagerwesen organisieren

- Minimalprinzip: mit geringstem Aufwand größten Erfolg erzielen
- „Rote Zahlen“ = Verluste/„Schwarze Zahlen“ = Gewinne

2.6 Standortfaktoren der Industriebetriebe

353–355
174–179

- Standortfaktoren bezeichnen die geografische Lage eines Betriebes innerhalb einer Volkswirtschaft.
- Standort = Ort der Niederlassung

Standortwahl

gebundene Standorte	freie Standorte
i. d. R. Standorte für Urproduktion ***Beispiele:*** – *Bergbau* – *Fischerei*	jeder Standort in einer Volkswirtschaft, der nicht gesetzlichen Gewerbeeinschränkungen unterliegt

Faktoren der Standortwahl

174–179

Rohstofforientierung	Standort richtet sich nach den vorhandenen Werkstoffen und den günstigsten Transportkosten für die Beschaffung der erforderlichen Werkstoffe ***Beispiele:*** *Bergwerke, Hüttenwerke, Zuckerfabriken*
Arbeitsorientierung	entscheidend für Betriebe mit hoher Beschäftigtenzahl sowie Bedarf an Spezialkräften ***Beispiele:*** *Lederwarenindustrie, Feinmechanik, Optik, Glaswarenindustrie*
Abgabenorientierung	innerstaatliches Steuergefälle bzw. Unterschiede in den einzelnen Bundesländern ***Beispiele:*** *Gewerbesteuer, Subventionspolitik*
Absatzorientierung	wenn ein ständiger und möglichst enger Abnehmerkontakt notwendig ist und die Transportkosten für die Fertigprodukte minimiert werden sollen ***Beispiele:*** *Zulieferbetriebe für größere Industrieunternehmen, Industriebetriebe mit direktem Absatz an Endverbraucher*
Verkehrsorientierung	enger Zusammenhang mit Punkt 1 (Rohstofforientierung), enge Anbindung an Verkehrsnetze (Schiene, Straße, Wasser, Luft) ***Beispiele:*** *massengüterverarbeitende Industrie, Kohlekraftwerke, Großmühlen*

Umweltorientierung	Beachtung staatlicher Vorschriften, Maßnahmen und Sanktionen, die sich kostenungünstig auf die Produktion auswirken können ***Beispiele:*** *Luftfilteranlagen, Lärmschutz, Kläranlagen, Atomkraftwerke zur Kühlung an Flüssen errichten (wenn überhaupt)*
Tariflohnorientierung	Lohnzahlung entsprechend den Tarifabschlüssen

2.7 Umweltschutz

174–179

▶ Der Umweltschutz umfasst alle Maßnahmen zur gegenwärtigen und zukünftigen Sicherung eines lebensfähigen Raumes.

Integrierter Umweltschutz umfasst ökologisches Denken und Umweltschutzmaßnahmen vor Beginn eines Produktionsprozesses, in den Vor- und Folgestufen – von der Beschaffung, Lagerung, Herstellung, Verkauf, Distribution bis hin zum Recycling und zur Entsorgung von Abfällen.

▶ Ökologisches Prinzip: Alle wirtschaftlichen Aktivitäten sollen so gestaltet werden, dass die Umwelt geringstmöglich belastet wird.

Umweltkonflikte der Betriebe treten auf, wenn ökologisch sinnvolles Verhalten mit Nachteilen (Kosten) für den Betrieb verbunden ist; Wettbewerbsnachteile müssen durch gesetzliche Regelungen und durch ein ausgeprägtes Bewusstsein zum Umweltschutz auf allen Mitarbeiterebenen minimiert werden.

Grundsätze des Umweltschutzes in Unternehmen

Verursacherprinzip (Leitprinzip):	■ Die Kosten für die Vermeidung, Verringerung und Kontrolle der Umweltverschmutzung werden dem Verursacher angelastet. ■ Instrumente: Umweltauflagen, Umweltabgaben, Haftungsvorschriften
Vorsorgeprinzip:	■ Bekämpfung der Umweltprobleme an den potenziellen Quellen ihrer Entstehung ■ Bereiche: Gefahrenabwehr, Risikovorsorge, Zukunftsvorsorge
Gemeinlastprinzip (Notprinzip):	■ Einsatz staatlicher Mittel, um Umweltschäden zu beseitigen ■ Erforderlich immer dann, wenn der Verursacher nicht feststellbar oder greifbar ist, wenn die Existenz der Betriebe und damit auch der Mitarbeiter gefährdet ist, bei Altlasten u. Ä.

Allgemeine Prinzipien für Industriebetriebe:	- schonende Nutzung der Umweltressourcen - Erstellung umweltfreundlicher Produkte - Anwendung umweltfreundlicher („sanfter") Produktionstechniken - umweltfreundliche Entsorgung von Abfällen - umweltfreundliche Dienstleistungsgestaltung

Rechtliche Grundlagen für den Umweltschutz

- UmweltHG (Umwelthaftungsgesetz)
- Immissionsschutzgesetz (Techn. Anleitung zur Reinhaltung der Luft)
- Schallschutz-Verordnung (Techn. Anleitung Lärm)
- Abwasserabgabengesetz
- Kreislaufwirtschaftsgesetz (Verpackungsvermeidung)
- Wasch- und Reinigungsmittelgesetz
- Benzinbleigesetz

Öko-Risk-Management

Aufgrund zahlreicher umweltbezogener Rechtsvorschriften und Emissionsgrenzwerte stellt jeder Umweltschaden nicht nur ein ökologisches, sondern auch ein ökonomisches Risiko dar, da wirtschaftliche Sanktionen drohen.

Industriebetriebe müssen daher ein Öko-Risk-Management (Umweltmanagement) unter Berücksichtigung folgender Faktoren betreiben:

- Auflagen vor und beim Bau sowie beim Betrieb von Anlagen
- nachträgliche Anordnungen
- Vorschriften zu Eigenschaften von Produkten und Energieträgern
- Haftungsrisiken bei Produktion und Produkten
- Druck der Öffentlichkeit
- Nachfrageverhalten der Abnehmer
- Betriebe, deren Produktion die Umwelt schädigen kann, müssen Beauftragte für Umweltschutz benennen

Aufgaben:

- Kontrollfunktion
- Initiativfunktion
- Anhörungsrecht bei der Unternehmensleitung
- Informationsfunktion gegenüber Mitarbeitern
- Berichtsfunktion

U 61–62/70–74/293–298

2.8 Grundbereiche eines Unternehmens

128–132

Materialwirtschaft

1. Materialbeschaffung
   EINKAUF
2. Materiallagerung
   LAGER
   Logistik:
   Abwicklung/
   Materialfluss von
   Gütern

Produktionswirtschaft

1. Organisationstypen der Fertigung (Werkstatt, Fließband, ...)
2. Arbeitsvorbereitung
   Arbeitsstudien
3. Qualitätskontrolle
4. Rationalisierung

Personalwirtschaft

1. Einstellung, Verwaltung, Entlassung von Arbeitnehmern
2. Personalpolitik (Personalplanung, Informationssysteme, Personalbeurteilungen, Personalentwicklung)
3. Lohn- und Gehaltsabrechnung
4. Personalmotivation = höhere Produktivität
   Möglichkeiten:
   - übertarifliche Entwicklung
   - Leistungsprämien
   - gutes Betriebsklima
   - Aufstiegsmöglichkeiten
   - ergonomische Arbeitsplätze

Absatzwirtschaft

1. Marktforschung
2. absatzpolitisches Instrumentarium (d.h. Produktpolitik, Sortimentspolitik, Preispolitik, Distributionspolitik, Kommunikationspolitik)

Rechtliche Rahmenbedingungen

1. **Unternehmensformen** (AWL)
2. **Verträge** (AWL)
   - übereinstimmende Willenserklärungen
   - Eigentumsübergabepflicht und Zahlungspflicht
   - Rechte bei mangelhafter Lieferung (BGB)
     - Nachbesserung
     - Neulieferung
     - Wandelung
     - Preisminderung
     - ggf. Schadenersatz
   - Geschäftsfähigkeit
     - geschäftsunfähig: u.a. Kinder bis zum 7. Lebensjahr
     - beschränkt geschäftsfähig: u.a. Menschen vom 7. bis zum 18. Lebensjahr (Taschengeld-§ 110 BGB)
   - Rechtsfähigkeit
     - natürliche Personen
     - juristische Personen

Finanz- und Investitionswirtschaft

1. **Investitionen:**
   - Kauf von Anlagegütern, mit denen andere Güter produziert werden können
   - Umwandlung von Geld- in Sachkapital
2. Ziele von Investitionen
   - Ersatzanlagen
   - Rationalisierung
   - Kapazitätserweiterung
   - Umstrukturierung
   - Forschung
   - Umweltschutz
3. Finanzierungsformen
4. Zahlungsformen (AWL)
5. notleidende Unternehmen (Sanierung, Liquidation, Vergleich, Insolvenz) (AWL)

2.8.1 Materialwirtschaft

Grundlagen 133–135

Die Materialwirtschaft umfasst den **Einkauf** von Werkstoffen und Betriebsmitteln, die für die Leistungserstellung (Produkterstellung) notwendig sind.

Einkauf

Beschaffungsplanung

Einkauf

- der geeigneten Werkstoffe (bzw. Betriebsmittel)
- der erforderlichen Mengen
- der richtigen Qualität
- zu günstigen Bezugspreisen
- zum richtigen Zeitpunkt
- am richtigen Ort

} allgemeine Aufgaben des Einkaufs

Bedeutung der Beschaffungsplanung:

- Die Beschaffungsplanung umfasst die planvolle, zielgerichtete und langfristige Versorgung einer Unternehmung mit Betriebsmitteln und Werkstoffen.
- Die Beschaffungsplanung muss mit der Fertigungs- und Finanzplanung abgestimmt sein.
- Niedrige Beschaffungskosten senken die Gesamtkosten, erhöhen die Konkurrenzfähigkeit, steigern Absatz/Gewinn.
- „Was der Einkauf spart, muss der Verkauf nicht verdienen."
- „Im Einkauf liegt der halbe Gewinn."

Aufgaben/Elemente der Beschaffungsplanung:

1. Sortimentsplanung
2. Mengenplanung
   - Stücklistenverfahren
   - Verbrauchsverfahren
   - Nettobedarfsermittlung
   - ABC-Analyse
   - optimale Bestellmenge
3. Zeitplanung
   - Bestellpunktverfahren
   - Bestellrhythmusverfahren
4. Beschaffungsmarktforschung (Bezugsquellenplanung)
5. Angebotsvergleich (Preisplanung)

Ferner gehören zum Bereich der Materialwirtschaft die **Lagerung** und die Bereitstellung von Werkstoffen, um einen ordnungsgemäßen Produktionsablauf zu sichern.

Spezielle Ziele:

- Kostenminderung:
  - Beschaffungskosten
  - Lagerkosten
  - Fehlmengenkosten (Störungen aufgrund mangelhafter Lieferbereitschaft)
- Qualitätssicherung
- Lieferbereitschaft (Versorgungssicherstellung)
- Liquiditätserhaltung (niedrige Kapitalbindung)
- Umweltschutz (Rückstandsvermeidung, Recycling und Entsorgung)

2.8.2 Produktionswirtschaft

2.8.2.1 Grundlagen

136–147

Produktionsbegriff

Definition 1
↓
Kombination der betriebswirtschaftlichen Produktionsfaktoren

Definition 2
↓
betriebliche Leistungserstellung:
- Rohstoffgewinnung,
- Bearbeitung und Herstellung von Produkten sowie
- Ausführung von Dienstleistungen

Definition 3
↓
industrielle Fertigung

⇨ technischer Herstellungsprozess

Produktionsfaktoren

U 64

makroökonomische (volkswirtschaftliche) Produktionsfaktoren

- Boden
- Arbeit
- Kapital
- Bildung
- Umwelt

mikroökonomische (betriebswirtschaftliche) Produktionsfaktoren

- Rechte, Patente, Lizenzen
- sachliche Mittel
  d. h. Werkstoffe, Betriebsmittel
- menschliche Arbeitsleistung:
  – dispositiv (leitend)
    • Planung
    • Organisation
    • Kontrolle
  – exekutiv (ausführend)
    • Vollzug
    • Ausführung

Einflüsse auf die Kombination der betriebswirtschaftlichen Produktionsfaktoren

außerbetrieblich

- technischer Fortschritt
- Knappheit der Produktionsfaktoren
- Beschaffungs- und Absatzmarktlage
- Tarifverträge
- Gesetzgebung

innerbetrieblich

- Abhängigkeiten von der Zielsetzung der Unternehmung
- Betriebsstruktur/Technisierungsgrad
- Standort des Industriebetriebes
- Know-how (= schöpferische Potenz der Unternehmung)

Aufgaben der Produktionswirtschaft

Allgemein: Produktion (= Herstellung/Hervorbringung) von Gütern in Abhängigkeit vom Absatz

Im Einzelnen: Entscheidungen zu folgenden Problemen:

1. **Was** soll hergestellt werden?
   - Produktfeld/Produktionsprogramm
   - Programmbreite/Programmtiefe

2. **Wie viel** soll hergestellt werden?
   - Einzelfertigung
   - Serienfertigung
   - Massenfertigung
   - Sonderformen

3. **Wie** soll hergestellt werden?
   - Handarbeit
   - Mechanisierung
   - Automation

4. **Welche** Fertigungsorganisation soll produzieren?
   - Werkstattfertigung
   - Fließfertigung/Reihenfertigung
   - Gruppenfertigung
   - Fertigungsinseln
   - CAM, CIM

5. **Wann** soll gefertigt werden?
   - Planung des Fertigungszeitraumes
   - Maschinen- und Stellenbesetzungspläne
   - Netzpläne

Phasen der Produktionswirtschaft

Produktionsplanung	Produktionsdurchführung	Produktionskontrolle
■ Produktfeld ■ Programmbreite ■ Programmtiefe ■ Produktionsmenge ■ Kapazitätsplanung	■ Fertigungssteuerung – Maschinenbelegung – Arbeitsverteilung – kurzfristige Zeitplanung ■ Fertigungsvollzug	■ Qualitätskontrolle ■ Auslastungsüberwachung ■ Sicherheitsüberwachung ■ Terminüberwachung ■ Überwachung der technischen Anlagen ■ Überwachung der Wirtschaftlichkeit

2.8.2.2 Produktionsmengenplanung

148–153

Abstimmung von Produktions- und Absatzmenge

1. **Absatzsynchrone Fertigungsmengenplanung**

Anpassung: 1. intensitätsmäßig
2. zeitlich
3. kapazitätsmäßig

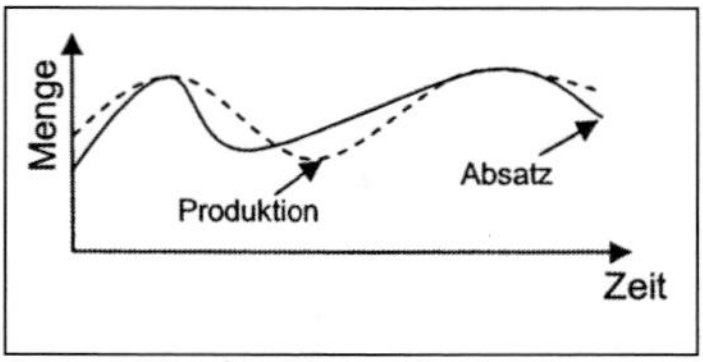

2. **Konstante Fertigungsmengenplanung**

Auswirkung: hohe Lagerkosten, keine Leerkosten

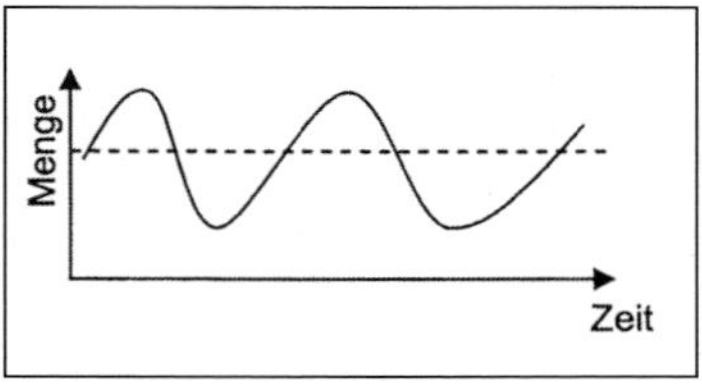

3. **Stufenweise Anpassung**

Auswirkung: relativ geringe Lagerkosten, relativ geringe Leerkosten
Instrument: zeitliche Anpassung (Arbeitszeit)

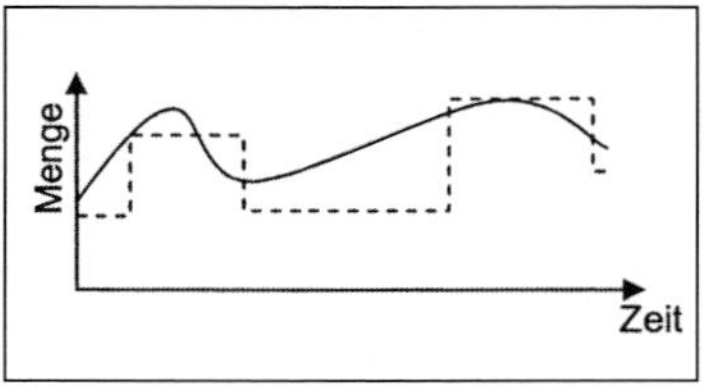

Einteilung der Fertigung in Abhängigkeit von der Produktionsmenge

148–153

Einzelfertigung	Serienfertigung	Massenfertigung
individuelle Herstellung eines Produktes (Unikat)	Produktion größerer Mengeneinheiten gleicher Erzeugnisse über einen längeren Zeitraum	gleiches Endprodukt in großen Mengen über einen langen Zeitraum für den anonymen Markt
typische Auftragsfertigung i. d. R. für einen bekannten oder bestimmten Kunden	i. d. R. für den anonymen Markt	
Beispiele: *Modellkleid, Brückenbau, Schiffsbau, Plastiken*	***Beispiele:*** *Autos, Möbel, Heizkörper, Bekleidung*	***Beispiele:*** *Schrauben, Nägel, Lebensmittel*

Sonderformen

Sortenfertigung	Partiefertigung	Chargenfertigung[1]	Kuppelproduktion
Aus einem Rohstoff (exakt gleiches Ausgangsmaterial) werden verschiedene Erzeugnisse hergestellt.	Eine Rohstofflieferung (und damit technisch gleichzeitig unterschiedliches Fertigungsmaterial) führt technisch bedingt zwangsläufig zu verschiedenen Erzeugnissen.	Der gelieferte und nun weiter zu verarbeitende Rohstoff stammt aus einem Behälter bzw. aus einem Fertigungsgang.	Bei der Herstellung eines Gutes entstehen zwangsläufig (verfahrensbedingt) während des Produktionsprozesses Nebenprodukte.
Varianten des gleichen Grundproduktes, Unterscheidung nur bezüglich einzelner Merkmale wie z. B. Maße, Materialzusätze	Produktvarianten entstehen (un-)gewollt durch die verschiedenen Rohstoffe.	Bedingungen des Produktionsprozesses werden nicht vollständig beherrscht.	Erzeugnisse, die im selben Produktionsprozess zwangsläufig nebeneinander anfallen
Beispiele: *Tupperware, verschiedene Schrauben, Reifenproduktion, Porzellan, Eis*	***Beispiele:*** *ägyptische oder amerikanische Baumwolle, schwedisches oder lothringisches Eisenerz*	***Beispiele:*** *Filme, Destillierprozesse, helleres bzw. dunkleres Brot, Lackherstellung*	***Beispiele:*** *Koksherstellung (Wärme, Dampf, Teer, Benzol, Gase), Benzingewinnung (Heizöl)*

---
[1] *Charge = Füllmenge für einen Produktionsvorgang*

2.8.2.3 Technisierungsgrad der Produktion

154–156

Handarbeit	Produkt wird überwiegend manuell gefertigt, z.T. mit einfachen Werkzeugen (i.d.R. handwerkliche Betriebe an der Schwelle zur industriellen Produktion). ***Beispiele:*** – *Arbeiten am handbetriebenen Schleifblock* – *Töpferei* – *Glasbläserei* – *Maßschneiderei*
Mechanisierung	Wesentliche Teile des Arbeitsvorgangs werden durch Maschinen ersetzt (Ersatz der Muskelkraft). ***Beispiele:*** – *Arbeiten am durch Wasserkraft angetriebenen Schleifblock* – *Kran* – *Bohrmaschine* – *Drehbank* – *Hobelbank*
Automation	Produktion mit Maschinen, die den Arbeitsvorgang selbst steuern (Mensch führt Material zu und ab, Mensch übt Kontrollfunktion aus) ***Beispiele:*** – *Schleifautomat* – *Glasblaseautomat*
Vollautomation	Gesamter Produktionsablauf läuft nach EDV-Programm ab: – Verkettung mehrerer Automaten, die sich selbst steuern und kontrollieren – Robotereinsatz ***Beispiele:*** – *Walzstraße* – *Flaschenproduktion in der Glashütte*

Vollautomation	**Robotereinsatz sinnvoll:** ▪ bei sich ständig wiederholenden Tätigkeiten ▪ bei körperlich schweren Tätigkeiten ▪ bei Präzisionsarbeiten (Punktschweißen) ▪ bei gefährlichen Tätigkeiten (Lackiererei) ▪ bei umweltgefährdenden Tätigkeiten (Chemie)
NC-Anlagen	Ein einmal über Datenträger eingegebener Bearbeitungsvorgang an einem Werkstück wird immer wieder abgerufen. Funktionen des Menschen werden von der Maschine übernommen. ***Beispiel:*** *Steuerungsmaschinen steuern Industrieroboter, Montagestraßen, kunststoffbearbeitende Maschinen u.Ä.*
CNC-Anlagen	Frei programmierbare Prozessrechner werden zur Steuerung von NC-Maschinen eingesetzt. Vorteil gegenüber NC-Anlagen: Programmierung des Rechners – z.T. vor Ort/am Arbeitsplatz – bedeutet große Flexibilität
DNC-Anlagen	= mehrere von einem Zentralcomputer gesteuerte CNC-Anlagen

2.8.2.4 Organisationsformen der Produktion 154–156

Werkstattfertigung/Werkstättenfertigung

Merkmale:

- Maschinen und Arbeitsplätze gleichen Typs werden in Werkstätten zusammengefasst.
  Beispiele: *Stanzerei, Fräserei*
- Orientierung der Werkstoffe zu den Maschinen
- Fertigung nach dem **Verrichtungsprinzip**

Vorteile	Nachteile
relativ geringe Kapitalbindung (weniger Maschinen)	lange innerbetriebliche Transportwege
relativ geringe Fixkosten	lange Wartezeiten
Arbeitskräfte (Facharbeiter) vielseitiger einsetzbar, z. B. Produktion verschiedener Drehteile	Notwendigkeit von Zwischenlägern
gute Anpassungsfähigkeit bei Produkt- oder Modeänderungen	großer Raumbedarf
	langsamer Durchlauf der Werkstücke
	geringer Überblick über Fertigungsablauf (Abhilfe: Netzplantechnik)
	aufwendige Arbeitsvorbereitung/Steuerung
	hohe Lohnkosten für Facharbeiter

Fließfertigung/Reihenfertigung

Merkmale:
- Werkstücke durchlaufen in ununterbrochener Reihenfolge die Bearbeitungsphasen
- genaue zeitliche Festlegung des Arbeitsablaufes (Zeittakt)

> **Beachte:** fehlt Zeittakt, spricht man von Reihenfertigung

- Maschinen und Arbeitsplätze sind entsprechend der Bearbeitungsfolge links und rechts an einem Transportband angeordnet
- Fertigung nach dem **Objektprinzip:** Orientierung der Betriebsmittel (Maschinen) zum Werkstoff

Vorteile

- kurze innerbetriebliche Transportwege
- gleichmäßiger Durchlauf der Werkstücke
- gute Übersicht über Fertigungsablauf
- Leistungssteigerung durch Spezialisierung von Mensch und Maschine (weitestgehende Arbeitsteilung)
- relativ geringe Personalkosten (auf den einzelnen Arbeitnehmer bezogen, da Anlernarbeit)

Nachteile

- hohe Kapitalbindung (Spezialmaschinen/Fertigungsstraße)
- hohe Fixkosten (Zwang zur Massenproduktion)
- angelernte Arbeitskräfte mit geringer Erfahrung/Kenntnis
- geringe Anpassungsfähigkeit bei Nachfrageschwankungen
- Notwendigkeit einer umfangreichen Arbeitsvorbereitung/Arbeitsplanung
- Monotonie (Entseelung der Arbeit)

Gruppenfertigung

Kombination von Werkstattfertigung und Fließfertigung
Teilweise gleichartige Verrichtungen in Werkstätten und teilweise Fertigung entsprechend der Bearbeitungsfolge; meist angewandt als Zulieferung für die eigentliche Fließfertigung (Endmontage); Ziel: Ausgleich der jeweiligen Vor- und Nachteile von Werkstatt- und Fließfertigung

Fertigungsinseln
Weiterentwicklung einer Gruppenstruktur, räumliche Zusammenfassung der Maschinen nach dem Fließprinzip zu einer Fertigungsgruppe, Organisation der Fertigungsinseln erfolgt kundenbezogen oder produktorientiert

Vorteile

- vollständige Zielorientierung der Arbeitsabläufe und Ergebnisse
- kürzere Durchlaufzeiten
- höhere Produktivität
- hohe Eigenverantwortlichkeit
- Verbesserungsvorschläge

Nachteile

- Verselbstständigung der Inseln
- schwierige Außenkontrolle
- erheblicher Leistungsdruck durch ständige Suche nach Verbesserung und Kosteneinsparung

Auftragsabwicklung und Computereinsatz 154–156

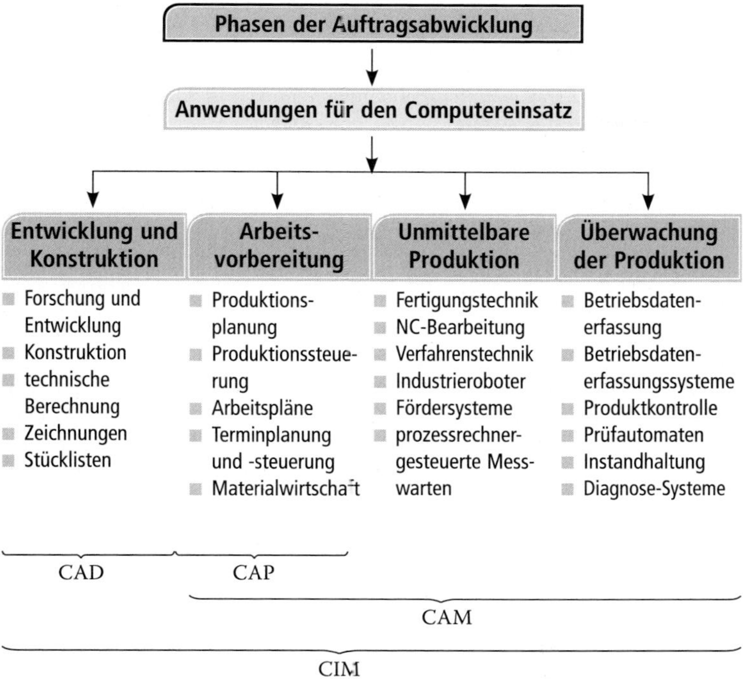

CAD/CAM:

▶ Rechnergestütztes Konstruktions- und Fertigungssystem: Computer Aided Design/Computer Aided Manufacturing

- Bearbeitung von zwei- oder dreidimensionalen Konstruktionszeichnungen am Computermonitor (Zugriffsmöglichkeit auf im Computer gespeicherte Teilkonstruktionen)
- Aufstellung von Stücklisten und Arbeitsplänen anhand der Konstruktionszeichnungen
- Nutzung der Konstruktionszeichnungen zu Kalkulationszwecken
- Umsetzung der CAD-Daten bei Transport, Materiallager, Montage und Roboter-Steuerung (CAM im eigentlichen Sinne)

CIM:

▶ Rechnerintegrierte Fertigung, bei der alle Phasen der Fertigung mithilfe eines Computerprogramms geplant, gesteuert und überwacht werden: Computer Integrated Manufacturing

- Der Kundenauftrag durchläuft rechnergesteuert die Planungsphase.
- Der Auftrag wird kalkuliert.
- Mit Computerhilfe werden die Konstruktionsunterlagen gefertigt (CAD).
- Die für den Produktionsprozess notwendigen Materialien werden über das System beschafft.
- Mit Computerhilfe wird die Fertigung gesteuert (CAM).

Ziele:

- weitgehend automatische Fertigung eines variablen Produktionsprogrammes bei direkter Rechnersteuerung
- kontinuierliche Optimierung der Fertigungssteuerung und Ablaufplanung
- direkte Regelung des Materialflusses und der Bearbeitungsoperationen
- auf Anforderungen flexibel abgestimmte Bereitstellung, Koordination und Zuweisung aller Fertigungsmittel sowie Transport- und Prüfmittel

Voraussetzung:

optimaler Datenfluss durch Kombination von Hardware, Software und Informationssystemen

Folgen:

- Abgrenzung zwischen Büro- und Fertigungstätigkeit nicht mehr möglich
- Trennung von Kopfarbeit und Handarbeit entfällt
- ein in der Fertigung beschäftigter Arbeitnehmer steuert und überwacht über Computer den Produktionsprozess (er wird von körperlicher Arbeit weitgehend befreit)

Vorteile	Nachteil
▪ Verbesserung der Arbeitsqualität ▪ flexibles Eingehen auf Kundenwünsche ▪ Verminderung der Lohnkosten ▪ verringerte Kapitalbindungskosten ▪ weniger Ausschuss	Verknüpfung der automatisierten (z. B. Fertigung von Werkstücken über NC) und computerisierten (z. B. Einsatz von Computern in der Verwaltung) Bereiche eines Unternehmens in das CIM-System; zeitaufwendig und kostenintensiv

301–303
157–161/186

2.8.2.5 Rationalisierung

Ziele

- durch vernünftigen Einsatz von wirtschaftlichen, technischen, finanziellen und organisatorischen Mitteln die Fertigung zu verbilligen, zu steigern und zu verbessern
- Vereinfachungen in allen betrieblichen Bereichen mit dem Ziel der Kostenminimierung

Ansätze

- Ablauforganisation
- Personaleinsatz
- Sachkapitaleinsatz
- Werkstoffeinsatz

Rationalisierung der Arbeits- und Fertigungsverfahren	Rationalisierung durch Änderung der Fertigungstechnik bzw. der Betriebsmittel	Rationalisierung der Erzeugnisse bzw. der Einzelteile
		▪ Normung ▪ Typung ▪ Baukastensystem

Rationalisierung der Arbeits- und Fertigungsverfahren

▶ Rationalisierung ist die zweckmäßige Gestaltung der Arbeitsvorgänge mit dem Ziel, die Kosten zu senken und die Leistung zu steigern.

Grundlage:
System der Arbeitszerlegung = betriebliche Arbeitsteilung
- Zerlegung der Gesamtarbeit in Teilvorgänge/Arbeitsschritte
- Zerlegung eines Arbeitsteilvorganges in Bewegungselemente

Vorteile

- höhere Produktivität (Ergiebigkeit)
- größere Geschicklichkeit des Arbeitnehmers, kurze Einarbeitungszeiten, i. d. R. un-/angelernt (Personalkostenminimierung)
- Qualitätsverbesserung

Nachteile

- umfangreiche Arbeitsvorbereitung
- angelernte Arbeitskräfte
- Monotonie
- geringe Anpassungsfähigkeit bei Produktänderungen

Rationalisierung durch Änderung der Fertigungstechnik/Betriebsmittel

Vgl. dazu Kap 2.8.2.3 Technisierungsgrad der Produktion „Vollautomation"

Ziele:
- Einsatz produktiver Maschinen
- höherer Ausstoß
- bessere Qualität
- geringerer Arbeitnehmereinsatz

Rationalisierung der Erzeugnisse bzw. ihrer Einzelteile

Normung

- Vereinheitlichung einzelner Teile eines Endproduktes
- Vereinheitlichung von Maßen, Formen, Begriffen und Verfahren

Gliederung der Normung:

a) **Werknormen** gelten nur im Bereich eines Unternehmens, z. B. einheitliche Vordrucke im Einkauf/Lager

b) **Nationale Normen:**
DIN (Deutsche Industrienorm, Deutsches Institut für Normen), z. B. einheitliche Papierformate, Abmessungen für Schrauben

c) **Internationale Normen:**
ISO (International Organization for Standardization), z. B. Güteklassen, Beton, Stahl, Schrauben, Muttern

d) **Fach-/Verbandsnormen** sind maßgebend für bestimmte Branchen, z. B. Elektrotechnik, Bauwesen

Typung

- Vereinheitlichung komplett zusammengesetzter Endprodukte; Kennzeichnung gleichartiger Erzeugnisse, die sich in Einzelheiten unterscheiden, z. B. Autos Typ „Golf" 70 PS/90 PS, „Rasenmäher" Elektro/Benzin
- Typung ermöglicht Großserienfertigung oder Massenfertigung

Beachte: Zu weitgehende Typung kann zur Kundenablehnung führen, z. B. Möbelindustrie

Baukastensystem

Vereinheitlichung von Baugruppen/Produkten zu Standardteilen mit genormten Passflächen, z. B. Schrankwand IKEA

⇨ wahlweiser Zusammenbau verschiedener Baugruppen erfüllt vielfältige Kundenwünsche

Teilefamilien	= fertigungstechnisch verwandte/ähnliche Teile (z. B. Drehteile), auf gleichen Maschinen mit z. T. gleichem Werkzeug produziert
Spezialisierung	= Beschränkung des Produktionsprogramms auf bestimmte Teilbereiche, z. B. Möbelhersteller produziert nur Küchenmöbel

Rationalisierung

Vorteile

- vereinfachte Neukonstruktion von Produkten möglich
- erleichterte Beschaffung von Einzelteilen
- kostengünstige Beschaffung von Einzelteilen, da Serien- oder Massenfertigung möglich
- erleichterte Materialprüfung
- Verkleinerung des Lagers
- rationelle Fertigung

Nachteile

- Einschränkung der Auswahlmöglichkeiten des Verbrauchers
- geschmackliche Verarmung

2.8.2.6 Qualitätsmanagement

▶ ***Qualität:*** Grad der Erfüllung von Kundenanforderungen unter Beachtung geltender Vorschriften nach dem neuesten Stand der Technik (= Zweckeignung)

Gründe für die Entwicklung des Qualitätsbewusstseins:	■ Erhöhte Kundenanforderungen ■ Verschärfung rechtlicher Anforderungen in Bezug auf Produkt- und Produzentenhaftung ■ Rationalisierungsbestreben der Unternehmen bei gleichzeitigem Verzicht auf Qualitätsprüfungen im Materialeingang: Just-in-time ■ hohe Produktqualität, ein internationaler Erfolgsfaktor ■ Sicherung der Arbeitsplätze
Entwicklungsstufen des Qualitätsmanagements (QM):	1. Inspection System (Endqualität prüfen) 2. Quality Control System (Qualität „hineinproduzieren", In-Prozess-Kontrollen) 3. Total Quality Management System (TQM) (unternehmensweites QM)
Maßnahmen:	■ Formulierung einer Qualitätspolitik ■ Vorgabe von Qualitätszielen ■ System der Qualitätssicherung ■ Definition der Verantwortlichkeiten ■ Qualitätsmanagementhandbuch

2.8.2.7 REFA

▶ Verband für Arbeitsgestaltung, Betriebsorganisation und Unternehmensentwicklung; u.a. zuständig für die Erstellung von Arbeitsstudien. Arbeitsstudien sind aus Arbeitserfahrung gewonnene arbeitswissenschaftliche Methoden zur Untersuchung von Arbeitsvorgängen/Arbeitsabläufen.

Ziel: Rationalisierung durch optimale Arbeitsgestaltung

REFA

Arbeitsablaufstudien	**Arbeitszeitstudien**	**Arbeitswertstudien**
Festlegung der Reihenfolge der Arbeitsgänge ⇨ gleichmäßige Auslastung von Mensch und Maschine	Vorgabezeitermittlung Ziel: Ermittlung von Durchlaufzeiten	Ermittlung von Arbeitswertkennzahlen zur Bestimmung der Lohnhöhe **Genfer Schema 1950** (geistige, körperliche Anforderungen und Umgebungseinflüsse)

2.8.2.8 Humanisierung der Arbeit

162–163

Durch nichtgeldliche Maßnahmen wird versucht, die Motivation und Leistung der Arbeitskräfte zu steigern.

> **Beachte:** Verbesserung der Arbeitsbedingungen kann mit dem Ziel der Leistungssteigerung konkurrieren

Verbesserung der Arbeitsorganisation

Aus den Eigenschaften der jeweiligen Arbeitsplätze lässt sich die Notwendigkeit zur Veränderung der Arbeitsorganisation ableiten.

Betriebsklima

▶ Art und Weise, in der Menschen im Betrieb miteinander, mit Vorgesetzten/Untergebenen und mit Außenstehenden umgehen. Diese Umgangsweisen können durch äußere Maßnahmen unterstützt werden.

Unternehmenskultur

▶ Unternehmenskultur bezeichnet die Entscheidung und Begründung für bestimmte im Unternehmen praktizierte Verhaltensweisen im zwischenmenschlichen Bereich.

***Beispiele:** Führungsstil, Präsentation des Unternehmens gegenüber der Außenwelt*

Ergonomische Arbeitsplatzgestaltung

Die äußere Gestaltung eines Arbeitsplatzes kann sich positiv oder negativ auf die Arbeitszufriedenheit und damit auf die Arbeitsleistung sowie die Arbeitssicherheit auswirken (vgl. dazu auch Kap. 2.8.2.7 REFA-„Arbeitsablaufstudien“).

U 20
162–163

Arbeitsschutz

Sicherheitsunterweisungen/-belehrungen müssen während der Arbeitszeit stattfinden.

Allgemeiner Arbeitsschutz	Technischer Arbeitsschutz (wird durch die Gewerbeordnung geregelt)
Arbeitszeiten ■ Höchstarbeitszeit 8 Std. pro Tag (max 48 Std. pro Woche) ■ an 30 Tagen im Jahr max. 10 Std. ■ ununterbrochene Mindestruhezeit: 11 Std. ■ Mindestruhezeit nach 6 Arbeitsstunden: 30 Min.	**Produktsicherheitsgesetz** Verbindlichkeit von Bestimmungen der Sicherheitstechnik und Unfallverhütungsvorschriften für neue Betriebsmittel
Jugendarbeitsschutzgesetz ■ Verbot der Kinderarbeit ■ Verbot der Akkord- und Fließbandarbeit für Jugendliche ■ Höchstarbeitszeit 8 Std. mit max. 5-Tage-Woche ■ Ruhepausenlänge: mindestens 15 Min., nach 6 Std. mindestens 60 Min. ■ Urlaub für unter 16-Jährige mindestens 30 Werktage ■ Arbeitsverbot nach 5 Zeitstunden Berufsschule	**Verordnung über Arbeitsstoffe** Verpackung, Schutzmaßnahmen, Verwendungsbeschränkungen sowie gesundheitliche Kontrollen **Arbeitsstättenverordnung** ■ menschengerechte Arbeitsplätze ■ Mindestvorschriften über Belüftung und Geräuschbelästigung **Arbeitssicherheitsgesetz** Verpflichtung der Betriebe, Betriebsärzte und Sicherheitsfachkräfte einzustellen bzw. die Dienste der Berufsgenossenschaften in Anspruch zu nehmen
Mutterschutzgesetz ■ Beschäftigungsverbot 6 Wochen vor und 8 Wochen nach der Niederkunft ■ Verbot der schweren körperlichen Arbeit ■ Kündigungsverbot während der Schwangerschaft und 4 Monate nach der Entbindung	**Arbeitsschutzüberwachung** ■ Gewerbeaufsichtsamt ■ Berufsgenossenschaften ■ Bundesanstalt für Arbeitsschutz und Unfallforschung ■ TÜV

U 65/67
312–313
187–195

2.9 Wirtschaftlichkeit

$$\frac{\text{Leistungen (Verkaufserlöse)}}{\text{Kosten (Gesamtaufwand)}}$$

2.9.1 Kapazitäten

▶ das betriebliche Leistungsvermögen in einer bestimmten Zeitspanne

Technische Kapazität = über 100 %

▶ Oberstes Leistungsvermögen einer Anlage bei Höchstbelastung ohne begrenzende Einflüsse, z. B. 365 Tage, 3-Schicht-Betrieb (z. B. 500 000 Stück)

Maximalkapazität (Kann-Leistung) = über 100 %

▶ Leistungsvermögen einer Anlage unter Berücksichtigung aller begrenzenden Einflüsse, z. B. Sonn- und Feiertage, Nachtarbeitsverbote, Reparatur- und Wartungsdienste (z. B. 400 000 Stück)

Optimale Kapazität (wirtschaftliche Kapazität) = 100 %

▶ Unter wirtschaftlichen Aspekten/Kosten kostengünstigste Ausbringungsmenge, weil optimale Arbeitsgeschwindigkeit und optimale Beanspruchungszeit berücksichtigt werden, z. B. 300 000 Stück

Kapazitätsausnutzungsgrad (= Beschäftigungsgrad)

▶ der Grad der Ausnutzung der Kapazität (Ist-Leistung, tatsächlich genutzte Kapazität) im Verhältnis zur optimalen/wirtschaftlichen Kapazität von 100 %

Formel: $$\text{Beschäftigungsgrad} = \frac{\text{Ist-Leistung} \cdot 100}{\text{optimale Kapazität}}$$

Beispiel: *Ist-Leistung = 250 000 Stück*
optimale Kapazität = 300 000 Stück

⇨ *Beschäftigungsgrad = 83,3 %*

U 65/67
306–311
197–215

2.9.2 Produktivität

▶ mengenmäßige Ergiebigkeit in Relation zu den eingesetzten Produktionsfaktoren

Formel: $\text{Produktivität} = \dfrac{\text{Output}}{\text{Input}} = \dfrac{\text{Ausbringungsmenge}}{\text{Einsatzmenge}}$

Arbeitsproduktivität = Ausbringungsmenge : Arbeitsstunden

Kapitalproduktivität = Ausbringungsmenge : Kapitaleinsatz

Beispiel: *200 Stück Messgeräte in 100 Arbeitsstunden*
⇨ Produktivität = 2

⇨ durch Rationalisierung und technischen Fortschritt das mengenmäßige Produktionsergebnis steigern

Unbefriedigende Produktivitätsergebnisse

Gründe	Konsequenzen
Gesamtproduktivität ■ knappe Ressourcen ■ Ausschuss ■ Führungsfehler	■ Suche nach anderen Ressourcen ■ Erhöhung der Qualifikation, technische Änderungen ■ anderes Management
Arbeitsproduktivität ■ niedriges Qualifikationsniveau ■ fehlende Motivation ■ Absenz, Fluktuation	■ Schulungsmaßnahmen ■ Mitbestimmung, Unternehmenskultur ■ Verbesserung des Betriebsklimas
Kapitalproduktivität ■ alte Produktionsanlagen ■ fehlerhafte Programmierung ■ veraltete Produktionsstrategie	■ Modernisierungsinvestition ■ Softwareinvestition ■ Einführung moderner Produktionsverfahren, z. B. Just-in-time

U 65/67
314
197–215

2.9.3 Rentabilität

▶ der Erfolg im prozentualen Verhältnis zum Einsatz

effektive Verzinsung des eingesetzten Kapitals **oder** **Gewinn im Verhältnis zum (Kapital-)Einsatz**

↓ ↓

Unternehmerrentabilität | **Unternehmungsrentabilität**

$$\frac{\text{Gewinn} \cdot 100}{\text{Eigenkapital}}$$

Beispiel:

Gewinn	=	*150 000,00 €*
Eigenkapital	=	*1 000 000,00 €*

⇨ *Unternehmerrentabilität = 15 %*

$$\frac{(\text{Gewinn} + \text{Fremdkapitalzinsen}) \cdot 100}{\text{Gesamtkapital}}$$

Beispiel:

Gewinn	=	*150 000,00 €*
Fremdkapitalzinsen	=	*30 000,00 €*
Eigenkapital	=	*1 000 000,00 €*
Fremdkapital	=	*300 000,00 €*

⇨ *Unternehmungsrentabilität = 13,85 %*

Wenn keine Arbeitsmarktprobleme auftreten, steigt i. d. R. die Rentabilität.

Umsatzrentabilität

↓

$$\frac{\text{Gewinn} \cdot 100}{\text{Umsatz}}$$

Beispiel:

Gewinn	=	*150 000,00 €*
Umsatz	=	*1 200 000,00 €*

⇨ *Umsatzrentabilität = 12,5 %*

2.10 Unternehmensformen/ Existenzgründung

317/319
216–288

Einzelunternehmung (solo trader)

▶ Die Einzelunternehmung ist ein Unternehmen im Eigentum eines einzelnen Inhabers, der die Firma nach außen vertritt und die Geschäfte führt.

Vorteile

↓

- Einzelunternehmer hat die alleinige Entscheidungsbefugnis
  ⇨ schnelle Entscheidungen und rasche Reaktion auf neue Gegebenheiten
- keine Meinungsverschiedenheiten
- Einzelunternehmer muss seinen Gewinn nicht teilen

Nachteile

↓

- Einzelunternehmer muss das Eigenkapital allein aufbringen (begrenzte Finanzierungsmöglichkeiten)
  ⇨ kann notwendige oder gewünschte Betriebserweiterungen verhindern
- trägt das Verlustrisiko allein
- haftet auch mit seinem Privatvermögen
- Gefahr von Fehlentscheidungen

1. Gründung	eine geschäftsfähige Person
2. Firma	nach Wahl mit Zusatz „e.K." (e. Kfm./e. Kfr.)
3. Haftung	Inhaber allein mit gesamtem Geschäfts- und Privatvermögen
4. Geschäftsführung	Inhaber allein
5. Gewinnverteilung	Inhaber allein
6. Verlustverteilung	Inhaber allein
7. Auflösung	■ Liquidation (freiwillig) ■ Tod des Inhabers ■ Insolvenz

Gesellschaften (partnerships) 315–316/318/320–324

▶ Vertragliche Verbindungen, die Personen zur Erfüllung eines gemeinsamen Zweckes eingehen, heißen Vereinigungen.

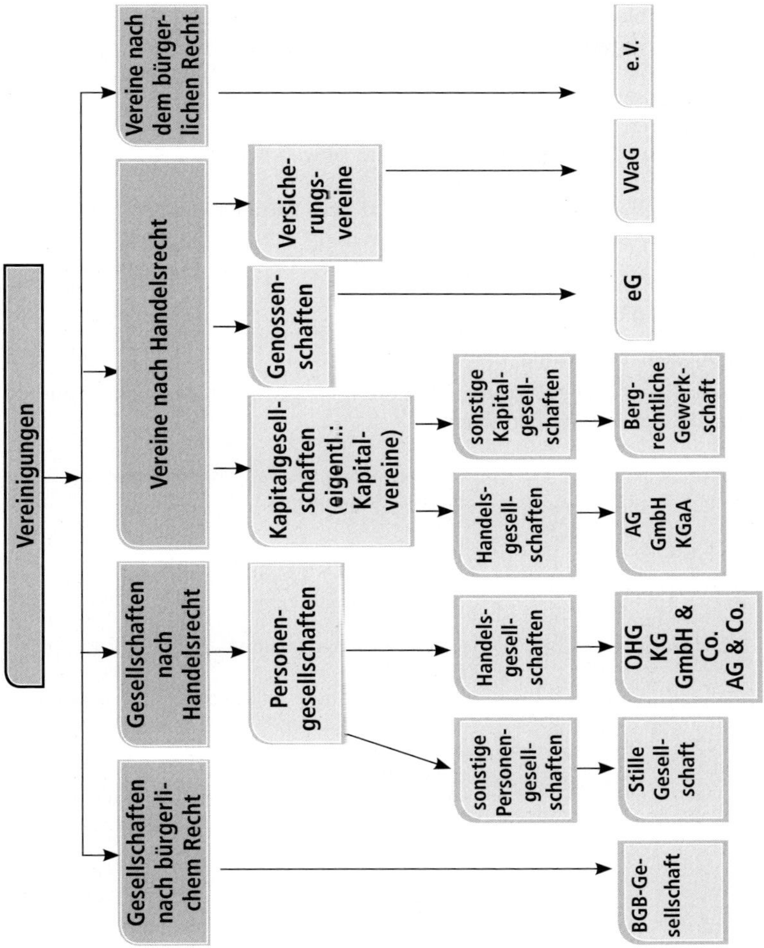

Gründe für die Bildung von Gesellschaftsunternehmungen:

- Notwendigkeit neuer Mitarbeiter wegen Krankheit, Alter, Tod des Unternehmers
- Notwendigkeit neuer Fachleute oder Führungskräfte
- Aufnahme von Familienmitgliedern (z. B. Kind)
- Kapitalzuführung durch neue Gesellschafter
- Vergrößerung der Kreditbasis durch Vergrößerung des haftenden Eigenkapitals
- Risikoverteilung auf mehrere Gesellschafter
- Beschränkung der Haftung auf das eingebrachte Kapital (bei GmbH und AG)
- Vergrößerung der Marktmacht durch Zusammenschluss mehrerer Unternehmen

Personengesellschaften

OHG (general ordinary partnership) 315–318

▶ Zwei oder mehr natürliche Personen schließen sich zusammen, um ein Handelsgewerbe zu betreiben.

1. Gründung	▪ mindestens zwei geschäftsfähige Personen ▪ Gesellschaftsvertrag ▪ Kapitaleinlage ▪ Eintragung ins HR
2. Firma	▪ Personenfirma ▪ Zusatz „OHG"
3. Haftung	jeder Gesellschafter **unmittelbar, unbeschränkt** und **solidarisch** ▪ unmittelbar: direkte Haftung ohne Haftungsverweis auf Mitgesellschafter ▪ unbeschränkt: Betriebs- und gesamtes Privatvermögen ▪ solidarisch: gesamtschuldnerisch unabhängig davon, welcher Gesellschafter die Schulden verursacht hat **Beachte:** Eintritt in bereits bestehende OHG = volle Haftung auch für Altschulden und 5 Jahre Haftung für Verbindlichkeiten vor Austritt

4. Geschäftsführung	Einzelgeschäftsführungsbefugnis für alle betriebsgewöhnlichen Handlungen **Beachte:** ■ außergewöhnliche Handlungen, z.B. Prokuraerteilung, bedürfen der Zustimmung aller Gesellschafter ■ Verpflichtung zur Geschäftsführung, d.h. tätige Mitarbeit ■ Verbot: Beteiligung als persönlich haftender Gesellschafter an anderen Unternehmen
5. Gewinnverteilung	■ 4 % der Kapitaleinlage, der Rest nach Köpfen ■ Privatentnahmen jährlich bis zu 4 % der Kapitaleinlage möglich
6. Verlustverteilung	■ nach Köpfen
7. Auflösung	■ Auflösungsbeschluss der Gesellschafter ■ Kündigung des Gesellschaftsvertrages ■ Ablauf der vereinbarten Vertragsdauer ■ Insolvenz ■ Gründe für das Ausscheiden eines Gesellschafters (Tod, Gesellschafterbeschluss, Kündigung des Gesellschafters, Insolvenzverfahren über Privatvermögen eines Gesellschafters) stellen keine Auflösungsgründe für OHG dar

Wirtschaftliche Aspekte der OHG:

- Aufgabenteilung in der Unternehmensleitung
- geeignet für Ausweitung von Einzelunternehmung
- geeignet für Unternehmenszusammenschlüsse insbesondere kleiner und mittlerer Betriebe
- kein Mindestkapital
- Verbreiterte Haftung ⇨ Erhöhung der Kreditwürdigkeit

KG (limited partnership) 321/323–324

▶ Die KG ist wie die OHG eine Gesellschaft, in der die Gesellschafter unter gemeinsamer Firma ein Handelsgewerbe betreiben. Mindestens ein Gesellschafter ist Komplementär (Vollhafter), der mit seinem gesamten Vermögen haftet, und mindestens ein Gesellschafter ist Kommanditist (Teilhafter), der nur mit seiner Einlage haftet.

1. Gründung	■ mindestens zwei geschäftsfähige Personen ■ Gesellschaftsvertrag ■ Eintragung ins HR ■ kein Mindestkapital
2. Firma	■ Personengesellschaft ■ Zusatz „KG"
3. Haftung	■ Komplementär: Betriebs- und Privatvermögen unbegrenzt **Beachte:** Ist der Komplementär eine GmbH (juristische Person, die ja wiederum nur mit ihrem Stammkapital [oft nur Mindestkapital 25 000,00 €] haftet), so ist damit auch die Haftungsgrenze des Komplementärs aufgezeigt, GmbH & Co. KG. ■ Kommanditist: haftet nur mit der Höhe seiner Kapitaleinlage
4. Geschäftsführung	■ nur Komplementäre (= Rechte und Pflichten wie bei der OHG) ■ Kommanditisten: Informationsrecht (z. B. Einsicht in Bilanzen) ■ Recht auf Widerspruch bei außergewöhnlichen Geschäften ■ Beteiligung an anderen Unternehmen auch als persönlich haftender Gesellschafter möglich
5. Gewinnverteilung	■ 4 % der Kapitaleinlage ■ Rest in angemessenem Verhältnis, i. d. R. im Verhältnis der Kapitaleinlagen von Voll- und Teilhaftern **Beachte:** Gewinnanteile der Kommanditisten müssen ausgezahlt werden, sie können nicht automatisch die Kommanditeinlage erhöhen.
6. Verlustverteilung	im angemessenen Verhältnis (Kommanditisten maximal bis zur Höhe ihrer Einlage)
7. Auflösung	vgl. OHG **Beachte:** bei Tod eines Kommanditisten jedoch keine Auflösung

Wirtschaftliche Aspekte der KG:

- starke Kapitalzufuhr durch Teilhafter ohne wesentliche Einschränkung der Entscheidungsbefugnisse der Vollhafter
- Kapital der Teilhafter ist zinsgünstiger und ermöglicht größere Investitionen
- häufig gewählte Rechtsform für mittlere und größere Unternehmen
- künftige Erben der Vollhafter sind meist Teilhafter, ohne dass die Unternehmensleitung direkt davon betroffen ist

Kapitalgesellschaften (corporations)

U 73

GmbH (private limited closed partnership)

331/335–336

▶ Die GmbH ist eine Handelsgesellschaft, deren Stammkapital in Stammeinlagen (Geschäftsanteile) zerlegt ist. Sie ist eine eigene Rechtspersönlichkeit (juristische Person) und haftet gegenüber Dritten nur mit ihrem Vermögen. Die Gesellschafter haften nur mit ihrer Einlage.

1. Gründung	■ mindestens eine Person ■ Stammkapital mindestens 25 000,00 € ■ notariell beurkundeter Gesellschaftsvertrag ■ Eintragung ins HR, Abteilung B
2. Firma	■ Personen- oder Sachfirma ■ Zusatz „GmbH"
3. Haftung	nur Stammkapital
4. Geschäftsführung	Organe: ■ Geschäftsführer – mindestens einer – gerichtliche und außergerichtliche Vertretung der GmbH – Rechte und Pflichten ähnlich AG-Vorstand – Bestellung durch die Gesellschafterversammlung ■ Aufsichtsrat – nur notwendig bei mehr als 500 Beschäftigten – Wahl durch Gesellschafterversammlung – mehr als 2 000 Beschäftigte: Wahl durch Belegschaft und Gesellschafterversammlung (paritätisch)

	■ Gesellschafterversammlung – entspricht der Hauptversammlung der AG – Stimmrecht nach Geschäftsanteilen – Mitverwaltungsrecht aller Gesellschafter • Bestellung der Geschäftsführer • Wahl des Aufsichtsrates • Überwachung der Geschäftsführer und Mitgesellschafter • Vertretung der GmbH in Prozessen • Bestellung von Prokuristen und Handlungsbevollmächtigten • Satzungsänderungen
5. Gewinnverteilung	■ im Verhältnis der Geschäftsanteile ■ Veröffentlichung des Jahresabschlusses (wie AG)
6. Verlustverteilung	■ aus freiwilligen Rücklagen ■ nach Geschäftsanteilen **Beachte:** Satzung kann **Nachschusspflicht** der Gesellschafter vorsehen. Eine Befreiung davon ist möglich durch Verzicht auf bestehenden Geschäftsanteil (Fachbegriff: **Abandonrecht**).
7. Auflösung	■ durch Ablauf der vereinbarten Vertragsdauer ■ durch Gesellschafterbeschluss (3/4-Mehrheit) ■ durch Insolvenzverfahren ■ durch Gerichtsurteil

Wirtschaftliche Aspekte der GmbH:

- Elastische Unternehmensführung durch Geschäftsführer, denn: Er erhält nur allgemeine Weisungen der Gesellschafter, d. h., er kann seine Entscheidungen den täglichen Erfordernissen entsprechend schnell treffen.
- Gründung mit bereits 25 000,00 € Stammeinlage möglich
- geringe Kreditbasis wegen Haftungsbeschränkung
- häufige Rechtsform kleinerer Familien- oder Ein-Mann-Betriebe

AG (public limited [joint] stock company) 304/325/328/333

▶ Die AG ist eine Handelsgesellschaft, deren Grundkapital in Aktien zerlegt und von Aktionären aufgebracht ist. Sie ist eine eigene Rechtspersönlichkeit (juristische Person) und haftet gegenüber Dritten nur mit dem Gesellschaftsvermögen (= Grundkapital). Die Aktionäre haften der Gesellschaft gegenüber nur mit dem Wert ihrer Aktien.

1. Gründung	■ eine oder mehrere Personen ■ notariell beurkundeter Gesellschaftsvertrag ■ Grundkapital (gezeichnetes Kapital) mindestens 50 000,00 € ■ Eigenkapital setzt sich zusammen aus: – gezeichnetem Kapital (= Grundkapital) – Kapitalrücklage (Ausgabe der Aktien zum Nennwert, genaue Differenz zwischen Nennwert und Kurswert = Agio, fließt in die Kapitalrücklage) – Gewinnrücklagen (gemeinsamer Beschluss der Hauptversammlung) – Gewinn-/Verlustvortrag aus dem Vorjahr – Jahresüberschuss/-fehlbetrag ⇨ Saldo GuV
2. Firma	■ Zusatz „AG" **Beachte:** Wird eine Personengesellschaft in eine AG umgewandelt, darf der Name der Personengesellschaft mit dem Zusatz „AG" beibehalten werden, z. B. Volkswagen AG, Daimler-Benz AG ■ Mindestinhalt der Satzung: – Firma – Gesellschaftssitz – Gegenstand der Unternehmung – Höhe des Grundkapitals und Aktiennennwerte (gegebenenfalls die Arten von Aktien) – Zusammensetzung von Vorstand und Aufsichtsrat – Form der Bekanntmachungen der AG
3. Haftung	Grundkapital (= Summe der Nennwerte aller Aktien) + Rücklagen

4. Geschäftsführung	vgl. Ausführungen im Folgenden
5. Gewinnverteilung	vgl. Ausführungen im Folgenden
6. Verlustverteilung	■ Gewinnvorträge ■ gesetzliche und freie Rücklagen ■ Grundkapital
7. Auflösung	■ durch Ablauf der in der Satzung festgelegten Vertragsdauer ■ durch Beschluss der Hauptversammlung (3/4-Mehrheit) ■ durch Konkurseröffnung ■ durch Ablehnung des Konkurses mangels Masse

Geschäftsführung:

Organe der AG **327/330/332**

- **leitendes und ausführendes Organ** → I. Vorstand
- **überwachendes Organ** → II. Aufsichtsrat
- **beschlussfassendes Organ** → III. Hauptversammlung

Vorstand

Geschäftsführung (Innenverhältnis)

- Vorstand führt die Geschäfte gemeinschaftlich
- Beschränkungen gelten nur im Innenverhältnis
- Entscheidungen werden je nach der Satzung oder Geschäftsordnung mehrheitlich oder einheitlich getroffen

Vertretung (Außenverhältnis)

- Vorstand vertritt die Gesellschaft gerichtlich und außergerichtlich
- sofern die Satzung nichts anderes bestimmt, sind die Vorstandsmitglieder nur gemeinschaftlich vertretungsberechtigt

I. Vorstand/Aufgaben

- Geschäftsführung
- mindestens alle Vierteljahre Berichterstattung an den Aufsichtsrat
- Erstellung des Jahresabschlusses mit dem Lagebericht
- Einberufung der Hauptversammlung
- Beantragung von Insolvenz und Vergleich

Grundsätzlich sind die Vorstandsmitglieder Angestellte. Dies ist auch dann der Fall, wenn Aktionäre in den Vorstand berufen werden. Als Vergütung erhalten sie ein festes Gehalt und zusätzlich eine gewinnabhängige Tantieme.

II. Aufsichtsrat 330

▶ Der Aufsichtsrat ist das Organ, das die Kontrollfunktion von der Hauptversammlung übertragen bekommt.

Aufgaben:

- Bestellung des Vorstandes und Überwachung seiner Geschäftsführung
- Prüfung des Jahresabschlusses, des Lageberichtes und des Gewinnverteilungsvorschlages des Vorstandes
- Berichterstattung an die Hauptversammlung über diese Prüfung
- Einberufung einer außerordentlichen Hauptversammlung, „wenn das Wohl der Gesellschaft es erfordert"

Zusammensetzung:
Die Hauptversammlung wählt die Vertreter der Aktionäre in den Aufsichtsrat. Der Aufsichtsrat wird für vier Jahre gewählt. Er besteht i. d. R. aus Aktionärsvertretern (von der Hauptversammlung gewählt) und aus Arbeitnehmervertretern (von der Belegschaft gewählt).

Bis 500 Arbeitnehmer:	kein AN-Vertreter
500 < 2000 Arbeitnehmer:	1/3 AN-Vertreter
> 2000 Arbeitnehmer:	paritätisch

III. Hauptversammlung 329

▶ Die Hauptversammlung ist die Versammlung der Aktionäre und gilt als das beschließende Organ. Mindestens einmal jährlich hat eine ordentliche Hauptversammlung stattzufinden, zu deren Teilnahme die Aktionäre spätestens einen Monat vorher öffentlich durch Anzeigen in bestimmten Zeitungen eingeladen werden.

Die Aktionäre üben ihr Mitwirkungsrecht in der Hauptversammlung aus. Ihnen steht ein Stimmrecht nach Aktiennennbeträgen zu.

Ausübung des Stimmrechts

selbst

Die Aktionäre können selbst ihr Stimmrecht ausüben, indem sie sich über ihre Verwahrstelle für die Aktien eine Stimmrechtskarte besorgen lassen.

durch Vertreter

(Depotstimmrecht)
Die Aktionäre können Banken beauftragen, ihr Stimmrecht wahrzunehmen. Dazu müssen sie eine Stimmrechtsermächtigung geben. Sie können die Banken verpflichten, nach ihren Weisungen zu stimmen. Aktionärsvereine sind ebenfalls bereit, das Stimmrecht auszuüben.

als Großaktionär

Sobald ein Aktionär mehr als 25 % des Grundkapitals hält, muss er dies der Gesellschaft mitteilen. Nur dann kann er sein Stimmrecht in Form einer Sperrminorität ausüben (d. h. Beschlüsse verhindern, die eine 3/4-Mehrheit erfordern).

Die Hauptversammlung ist beschlussfähig, soweit Anteilseigner vertreten sind. Für Satzungsänderungen wird eine qualifizierte Mehrheit von 75 % des bei der Hauptversammlung vertretenen Kapitals notwendig, ansonsten genügt die einfache Mehrheit.

Rechte der Hauptversammlung:

- Wahl der Mitglieder des Aufsichtsrates nach den Mitbestimmungsregeln
- Beschlussfassung über die Verwendung des Bilanzgewinnes
- Entlastung der Mitglieder des Vorstandes und Aufsichtsrates von ihrer Haftpflicht
- Bestellung der Abschlussprüfer
- Beschlussfassung über Satzungsänderungen (3/4-Mehrheit), dazu gehört auch die Beschlussfassung über Kapitalerhöhung oder -herabsetzung
- Bestellung von Gründungsprüfern
- Auflösung der Gesellschaft (3/4-Mehrheit)
- Entscheidungen über Vorlagen des Vorstandes, wenn dieser es verlangt

Rechte der Aktionäre:
- Recht auf Teilnahme an der Hauptversammlung
- Stimmrecht und Recht auf Auskunft in der Hauptversammlung
- Anspruch auf Anteil am Bilanzgewinn (Dividende)
- Recht auf Bezug junger Aktien (Bezugsrecht)
- Recht auf Anteil am Liquidationserlös

Pflichten der Aktionäre:
- Leistung der (bei Gründung) übernommenen Kapitaleinlage
- Haftung mit dem Wert der eigenen Aktien

2.11 Unternehmenszusammenschlüsse 289–295

2.11.1 Ziele und Formen U 69

Ziele

- Ausbau der Machtstellung (auf der Beschaffungsseite und/oder auf der Absatzseite)
- Kostensenkungen in betrieblichen Teilbereichen
- Verminderung des Risikos (Verbindung mit den Hauptabnehmern kann z. B. das Absatzrisiko mindern)

⇨ Verbesserung der wirtschaftlichen Situation (Gewinnmaximierung)

Formen

- **Horizontaler** Zusammenschluss:
  Zusammenschluss auf der gleichen Produktionsstufe, z. B. verschiedene Hüttenwerke
- **Vertikaler** Zusammenschluss
  Zusammenschluss auf nachgelagerten Produktionsstufen, z. B. Bergwerk, Hüttenwerk, Walzwerk
- **Diagonaler** Zusammenschluss
  Zusammenschluss über unterschiedliche, nicht zusammenhängende Branchen hinweg, z. B. Kaufhaus, Brauerei

2.11.2 Kooperationen

Die betreffenden Unternehmen geben ihre wirtschaftliche und rechtliche Selbstständigkeit **nicht** auf.

Interessengemeinschaft

▶ Unternehmen, die rechtlich selbstständig bleiben, schließen sich zu einem gemeinsamen wirtschaftlichen Zweck zusammen, meist in der Rechtsform einer BGB-Gesellschaft. Der Gewinn wird zusammengelegt („Gewinnpoolung") und nach einem vereinbarten Schlüssel verteilt.

Gemeinsame Zwecke können beispielsweise sein:
- gemeinsame Forschungs- und Entwicklungsaufgaben
- gemeinsame Werbung
- gemeinsame Öffentlichkeitsarbeit (Public Relations)
- gemeinsame Durchführung von Marktuntersuchungen
- gemeinsame Nutzung von Datenverarbeitungsanlagen
- gemeinsame Ausbeutung von Rohstoffen

Arbeitsgemeinschaft

▶ Unternehmen, die rechtlich selbstständig bleiben, schließen sich zur gemeinsamen Durchführung eines Auftrags zusammen (z. B. Bau einer Brücke), meist in der Form einer BGB-Gesellschaft. Mit der vollendeten Durchführung des Auftrags endet die Arbeitsgemeinschaft.

Eine besondere Form ist das **Konsortium,** bei dem sich Banken zusammenschließen, um neu herausgegebene Wertpapiere bei der Kundschaft unterzubringen.

U 68
337

Kartell

▶ Kartelle sind vertragliche Zusammenschlüsse von Unternehmen des gleichen Wirtschaftszweiges, die in der Regel den Wettbewerb beschränken oder ausschließen sollen.

Eine besondere Form des Kartells ist das **Syndikat** (Vertriebskartell). Kartellunternehmen verkaufen ihre Produkte über eine gemeinsame Absatzzentrale. Die Kunden bestellen beim Syndikat und zahlen an das Syndikat.

Wichtige Kartellarten:

Kartell	Ziel	Regelung im GWB
Preiskartell	Mit gemeinsam festgelegten Preisen soll der Preiswettbewerb der Kartellmitglieder untereinander beseitigt werden.	verboten
Submissionskartell	Öffentliche Aufträge werden zu abgesprochenen, überhöhten Preisen untereinander aufgeteilt.	verboten
Gebietskartell	Die Unternehmen weisen sich geschützte Absatzgebiete zu. Damit wird jeder in einem Gebiet zum Monopolisten. Keiner darf Kunden aus dem Gebiet eines anderen Kartellmitgliedes beliefern.	verboten
Mengenkartell (Quotenkartell)	Jedem Kartellmitglied wird eine Absatzquote zugewiesen. Die Gesamtheit aller Absatzquoten ist geringer als die zu erwartende Gesamtnachfrage. Damit wird ein hohes Preisniveau der Produkte gewährleistet oder ein Preiskartell abgesichert.	verboten
Importkartell	Vereinbarungen legen gleichartige Preise oder Bedingungen für den Import fest.	genehmigungspflichtig
Strukturkrisenkartell	Die Vereinbarung erfolgt, um gemeinsam die Produktionskapazitäten an die strukturell (nachhaltig) gesunkene Nachfrage anzupassen.	genehmigungspflichtig

Kartell	Ziel	Regelung im GWB
Exportkartell	Vereinbarungen regeln das gemeinsame Vorgehen auf den Auslandsmärkten bezüglich der Preise und sonstigen Bedingungen. Dies führt zu erheblichen Erleichterungen, da der Wettbewerb der Unternehmen untereinander auf dem ausländischen Markt ausgeschaltet wird und die Mitglieder nur noch mit Auslandsunternehmen konkurrieren müssen.	anmeldepflichtig
Kalkulationskartell	Vereinbarung einer gleichartigen Preisermittlung	anmeldepflichtig
Konditionenkartell	Vereinbarung gemeinsamer Geschäfts-, Zahlungs- oder Lieferbedingungen. Die Regelungen dürfen sich dabei aber nicht auf die Preise beziehen.	anmeldepflichtig
Normen- und Typenkartell	Vereinbarung zur Verwendung gemeinsamer Produktnormen, z. B. nach DIN.	anmeldepflichtig
Rationalisierungskartell	Die Leistungsfähigkeit wirtschaftlicher Abläufe soll in technischer, betriebswirtschaftlicher oder organisatorischer Hinsicht gehoben werden (Verbesserung der Deckung des Gesamtbedarfs).	anmeldepflichtig
Spezialisierungskartell	Vereinbarungen haben die Rationalisierung durch Spezialisierung auf bestimmte Bauteile, Baugruppen oder Produkte zum Inhalt.	anmeldepflichtig
Hinweis: Zu Kartellverboten vgl. auch Kap. 2.11.4 „Wettbewerbspolitik"		

2.11.3 Konzentration

Man spricht von Konzentration, wenn die betreffenden Unternehmen

- ihre wirtschaftliche Selbstständigkeit verlieren
  ⇨ Bildung von Konzernen,
- ihre wirtschaftliche und rechtliche Selbstständigkeit verlieren
  ⇨ Bildung von Trusts.

Konzern 360

Konzernunternehmen stehen unter einer einheitlichen Leitung. Dies ermöglicht es, die wirtschaftlichen Interessen und Aufgaben der Konzernunternehmen aufeinander abzustimmen.

Für Konzernbildungen gibt es vor allem folgende wichtige Möglichkeiten:

- **Unterordnungskonzern**

  ▶ Ein herrschendes und ein oder mehrere abhängige Unternehmen sind unter der einheitlichen Leitung des herrschenden Unternehmens zusammengefasst.

  Ein Unterordnungskonzern kann auf zweierlei Arten entstehen:
  - Ein Unternehmen kauft die Kapitalmehrheit an einem oder mehreren anderen Unternehmen auf. Es genügt eine Beteiligung von 51 %, da so schon über die Unternehmensführung und deren Ziele bestimmt werden kann. Durch die Kapitalverflechtung entsteht ein sogenanntes **Mutter-Tochter-Verhältnis,** das oft mit einem Beherrschungsvertrag (Leitung der Tochterunternehmung wird der Muttergesellschaft unterstellt) oder einem Gewinnabführungsvertrag (Gewinn der Tochter wird an die Mutter abgeführt) verbunden ist.
  - Die Konzernunternehmen übertragen alle oder nur einen Teil der Kapitalanteile auf eine Dachgesellschaft, die Kapitalanteile „hält" (**Holdinggesellschaft**). Dafür erhalten die Konzernunternehmen Anteile an der Holding. Die Dachgesellschaft verwaltet ihre Gesellschaftsanteile und lenkt den Konzern.

- **Gleichordnungskonzern**

  ▶ Rechtlich selbstständige Unternehmen sind unter einheitlicher Leitung zusammengefasst, ohne dass das eine von dem anderen Unternehmen abhängig ist.

  Die Konzernunternehmungen tauschen ihre Kapitalbeteiligungen gleichmäßig aus. Dazu brauchen die Unternehmen kein neues Kapital aufzubringen. Aufgrund der Ausgewogenheit der Beteiligung besteht ein gleichgewichtiger, gegenseitiger Einfluss. Man spricht dann von **Schwestergesellschaften**. Die einheitliche Leitung entsteht hier durch gegenseitige Abstimmung.

Trust

- **Fusion durch Aufnahme** (Verschmelzung):
  Eine kleinere Firma geht mit ihrem gesamten Vermögen in einer größeren auf.

  ⇨ Die Firma erlischt.
- **Fusion durch Neugründung:**
  Alle fusionierenden Firmen übertragen ihr gesamtes Vermögen auf eine gemeinsam von ihnen gegründete neue Gesellschaft.

  ⇨ Alle fusionierenden Firmen werden gelöscht.

2.11.4 Wettbewerbspolitik U 69

Der Wettbewerb
- sichert die individuelle wirtschaftliche Freiheit,
- garantiert den funktionierenden Marktmechanismus der Güterverteilung,
- sichert die optimale Versorgung der Konsumenten,
- ermöglicht den optimalen Einsatz der Produktionsfaktoren.

Kartelle, wirtschaftliche Macht, Konzerne oder Trusts mit marktbeherrschenden Anteilen können den Wettbewerb außer Kraft setzen. Um das zu verhindern, wurde 1958 das Kartellgesetz erlassen (Gesetz gegen Wettbewerbsbeschränkungen, GWB).

Kartellverbot U 68

Verträge, die Unternehmungen zu einem gemeinsamen Zweck schließen, sind unwirksam, soweit sie geeignet sind, die Erzeugung oder die Marktverhältnisse für den Verkehr mit Waren oder gewerblichen Leistungen durch Beschränkungen des Wettbewerbs zu beeinflussen (§ 1 GWB).

Kartelle sind somit grundsätzlich verboten. Das Kartellgesetz verbietet Preis-, Mengen-, Gebiets- und Kalkulationskartelle. Jedoch sieht das Gesetz Ausnahmen in Form von anmelde- und genehmigungspflichtigen Kartellen vor. Der Bundeswirtschaftsminister kann ein an sich verbotenes Kartell erlauben, wenn die Beschränkung des Wettbewerbs im Interesse des Gemeinwohls liegt.

Erlaubte Kartelle

anmeldepflichtige Kartelle

- Anmeldung bei und Überwachung durch das Bundeskartellamt
- wirksam, wenn das Kartellamt nicht binnen drei Monaten widerspricht

Beispiele:
- *Rabattkartell*
- *Konditionenkartell*
- *Normenkartell*
- *Typenkartell*
- *Exportkartell*

genehmigungspflichtige Kartelle

- Genehmigung durch das Bundeskartellamt
- Genehmigung für drei Jahre

Beispiele:
- *Strukturkrisenkartell*
- *Rationalisierungskartell*
- *Importkartell*
- *Exportkartell mit Wirkungen auch im Inland*

Missbrauchsaufsicht gegenüber marktbeherrschenden Unternehmen

Die Kartellbehörde kann marktbeherrschenden Unternehmen ein missbräuchliches Verhalten untersagen und Verträge für unwirksam erklären.

Ein missbräuchliches Verhalten liegt insbesondere vor, wenn marktbeherrschende Unternehmen

- die Wettbewerbsmöglichkeiten anderer Unternehmen erheblich und ohne sachlich gerechtfertigten Grund beeinträchtigen,
- Entgelte oder Geschäftsbedingungen fordern, die sie bei wirksamem Wettbewerb nicht fordern könnten,
- ungünstigere Entgelte oder Geschäftsbedingungen fordern, als sie selbst auf vergleichbaren Märkten von vergleichbaren Abnehmern fordern, und wenn der Unterschied nicht sachlich gerechtfertigt ist.

Fusionskontrolle und Unternehmenskonzentration

Dem Kartellamt ist ein Zusammenschluss anzuzeigen, wenn dadurch

- ein Marktanteil von mindestens 20 % erreicht wird

  oder

- die beteiligten Unternehmen mindestens 10 000 Beschäftigte.

Ist zu erwarten, dass durch den Zusammenschluss eine marktbeherrschende Stellung entsteht oder verstärkt wird, so kann das Kartellamt die Fusion untersagen oder gewisse Auflagen machen (z. B. Unternehmensteile zu veräußern). Als Zusammenschluss gilt bereits der Erwerb einer Beteiligung von 25 % am stimmberechtigten Kapital eines Unternehmens.

Nach § 18 GWB wird das Entstehen einer marktbeherrschenden Stellung vermutet, wenn

- ein Großunternehmen mit mindestens 1 Mrd. € Umsatz durch Zusammenschluss auf einem mittelständischen Markt, auf dem kleine und mittlere Unternehmen zwei Drittel der Marktanteile halten, 5 % Marktanteil erreicht,
- ein Großunternehmen mit mindestens 1 Mrd. € Umsatz ein bereits marktbeherrschendes Unternehmen auf einem Markt mit mindestens 75 Mio. € Umsatz erwirbt,
- Großunternehmen mit mindestens 0,5 Mrd. € Umsatz durch Zusammenschluss insgesamt mindestens 6 Mrd. € Umsatz erreichen (sog. „Elefantenhochzeit").

Bereits das Vorhaben eines Zusammenschlusses ist beim Kartellamt anzumelden, wenn eines der beteiligten Unternehmen Umsatzerlöse von mindestens 1 Mrd. € hat oder wenn mindestens zwei der beteiligten Unternehmen Umsatzerlöse von jeweils mindestens 0,5 Mrd. € Umsatz haben.

2.12 Verbraucherschutz 342

- **Produkthaftungsgesetz (ProdHaftG):** Hersteller haftet für alle Schäden, deren Verursachungsgrund im Produkt/in Produktteilen liegt
- **Kreditverträge:** kündbar innerhalb von zwei Wochen
- **Haustürgeschäfte:** Widerruf innerhalb von 14 Tagen möglich
- **AGB (Allgemeine Geschäftsbedingungen):** schränken BGB-/HGB-Rechte ein
- **Kaufverträge über Taschengeld-§ 110 BGB:** bedürfen der Zustimmung des gesetzlichen Vertreters

2.13 Vertragsgrundlagen

2.13.1 Schriftliche Verträge

Einfache Schriftform	■ Ratenverträge ■ Bürgschaften ■ Schuldversprechen ■ Tarifverträge	■ Arbeitsverträge ■ Ausbildungsverträge ■ Miet- und Pachtverträge, wenn Laufzeit länger als 1 Jahr
Schriftform mit öffentlicher Beglaubigung	Die Richtigkeit der Unterschriften wird vom Notar oder von einer Behörde bestätigt. ⇨ Eintragungen in öffentliche Register, z. B. Grundbuch, Handelsregister, Vereinsregister	

Schriftform mit notarieller Beurkundung	Willenserklärungen werden vom Notar als öffentliche Urkunde abgefasst. ⇨ Der Notar formuliert den Vertragsinhalt und ist für diesen verantwortlich. ▪ Haus- und Grundstücksgeschäfte ▪ Eheverträge ▪ Ergebnisse von AG-Hauptversammlungen

2.13.2 Allgemeine Vertragsarten

Darlehensvertrag (BGB §§ 607–610)	Überlassung vertretbarer (austauschbarer) Sachen, i.d.R. Geld, zum Gebrauch gegen Entgelt (Zinsen), Rückgabe gleichartiger Sachen erforderlich
Leihvertrag (BGB §§ 598–606)	Überlassung von Sachen zum Gebrauch ohne Entgelt, Rückgabepflicht derselben Sachen in gleichem Zustand
Mietvertrag (BGB §§ 535–538)	Überlassung von Sachen zum Gebrauch gegen Entgelt, i.d.R. in Raten
Pachtvertrag (BGB §§ 581–597)	Überlassung von Sachen und Rechten zur gewerblichen Nutzung mit Fruchtgenuss (Gewinn) gegen Entgelt
Werkvertrag (BGB §§ 631–650)	Lohnarbeit ⇨ **Ausführung einer Arbeit an einer fremden Sache** (Auftraggeber stellt das Material, Auftragnehmer fordert Lohn und evtl. Ersatz von Hilfsstoffkosten) ⇨ Werkvertrag **bedingt Erfolgsgarantie**, z.B. Reparatur, Entwurf einer Werbekampagne
Dienstvertrag	1. ⇨ **Inanspruchnahme von Diensten Selbstständiger gegen Entgelt** ohne Erfolgsgarantie, z.B. Rechtsanwalt, Durchführung einer Werbekampagne) 2. ⇨ **Inanspruchnahme von Diensten abhängig Beschäftigter** (Arbeitnehmer)

Dienstvertrag	**Arbeitsvertrag**
↓	↓
Vertrag, bei dem die Entlohnungsgrundlage die Dauer der Anwesenheit ist, z.B. Angestellte, Zeitlohnarbeiter	Vertrag, bei dem die Entlohnungsgrundlage die tatsächliche Arbeitsleistung ist, z.B. Akkordlohnarbeiter

2.14 Kosten- und Leistungsrechnung

Die **Kosten- und Leistungsrechnung** (KLR) ist der **Zweig des Rechnungswesens,** der sich mit **den Einnahmen und Ausgaben** eines Unternehmens **rechnerisch kontrollierend auseinandersetzt,** und zwar mit den Aufwendungen und Erträgen (A und E), die mit dem **Betriebszweck** eines Unternehmens in unmittelbarem Zusammenhang stehen.

2.14.1 Kostenrechnungssysteme

Kostenrechnungssysteme

Vollkostenrechnung

1. Kostenartenrechnung
Welche Kosten?

- vollständige Erfassung von Kosten und Leistungen (betriebsbedingten A und E)

2. Kostenstellenrechnung
Wo sind Kosten entstanden?

- Feststellung und Kontrolle der Kosten an den Orten ihrer Entstehung

3. Kostenträgerrechnung
Wer trägt die Kosten?

- Kalkulation kostendeckender Preise
- Ermittlung des Betriebsergebnisses (Differenz zwischen Kosten und Leistungen)

Deckungsbeitragsrechnung

Teilkostenrechnung

Basis: die am Markt erzielbaren Preise, Ermittlung des Betriebserfolgs nach vereinfachter Rechnung

Umsatzerlöse – variable Kosten = Deckungsbeitrag

Ziel:
Durch hohe Umsatzerlöse zunächst variable Kosten decken; der verbleibende Restbetrag = Deckungsbeitrag dient zur Abdeckung der fixen Kosten; der noch verbleibende Rest = Betriebsgewinn

Plankostenrechnung

- Kostenkontrolle und Betriebsüberwachung auf der Basis geplanter Kosten
- zukunftsorientiert auf der Basis fest vorgegebener Kosten
- Soll-Ist-Vergleich

2.14.2 Differenzierung des Kostenbegriffs

Definition: Kosten sind wertmäßiger Güter- und Diensteverzehr zur Erstellung wirtschaftlicher Leistung

Einteilung der Kosten entsprechend ihrer Zurechenbarkeit auf den Kostenträger (= Produkt)

Diese Kosteneinteilung ist notwendig, um eine verursachungsgerechte Kostenverteilung auf Kostenstellen und Kostenträger (Produkt) im Rahmen der Vollkostenkalkulation vornehmen zu können.

- **Einzelkosten**

Sie können dem Kostenträger direkt zugerechnet werden, d. h., man kann für jedes Produkt diese Kosten exakt bestimmen.

Materialeinzelkosten	MEK
Fertigungseinzelkosten	FEK
Beachte: aber nur Akkordlöhne, keine Zeitlöhne	
Sondereinzelkosten der Fertigung	SEKF
Sondereinzelkosten des Vertriebs	SEKV

- **Gemeinkosten**

Dazu zählen alle anderen Kosten, die dem Kostenträger nicht unmittelbar zugerechnet werden können, z. B. Hilfslöhne 602, 603, 630, 640, 670, kalkulatorische Kosten ..., **sie werden mit Durchschnittswerten (%) in der Kalkulation erfasst.**

Beachte: zunächst tabellarische Erfassung der Gemeinkosten im Betriebsabrechnungsbogen (BAB), dann Ermittlung von anteiligen Zuschlagsprozentsätzen für die Kalkulation

Einteilung der Kosten in Abhängigkeit von der Produktionsmenge

- **Variable (proportionale) Kosten gesamt**
  ⇨ Kosten, die abhängig von der Produktionsmenge sind, z. B. Materialkosten gesamt

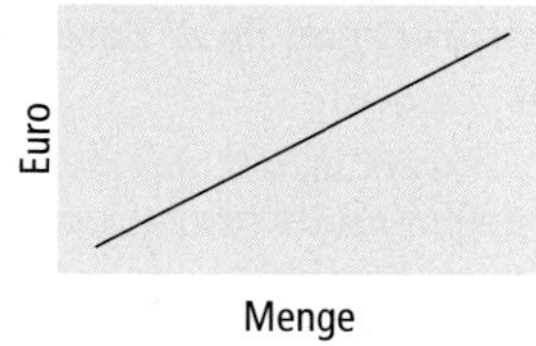

> **Merke:** Die variablen Kosten gesamt nehmen mit steigender Produktionsmenge insgesamt proportional zu, sie verringern sich im gleichen Verhältnis, wie die Produktionsmenge sinkt.

- **Variable Stückkosten** ⇨ diese Kosten bleiben konstant/fix (Abweichung erst durch Mengenrabatte), z. B. ein Glasauge immer 1,00 EUR
- **Fixe Kosten gesamt** ⇨ Kosten, die unabhängig von der Produktionsmenge sind = Kosten der Betriebsbereitschaft, z. B. Gehälter, Mietkosten, Steuern

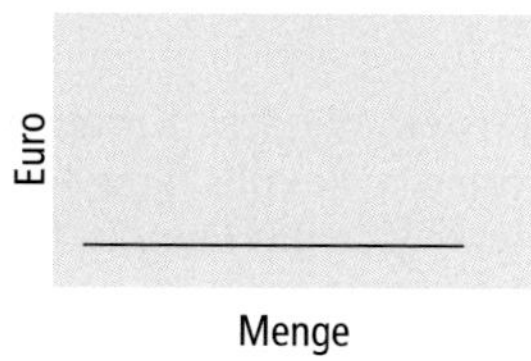

> **Merke:** Fixkosten gesamt verändern sich nicht mit steigender oder sinkender Produktion, sie treten in jeder Abrechnungsperiode unverändert auf.

3 Arbeits- und Tarifrecht

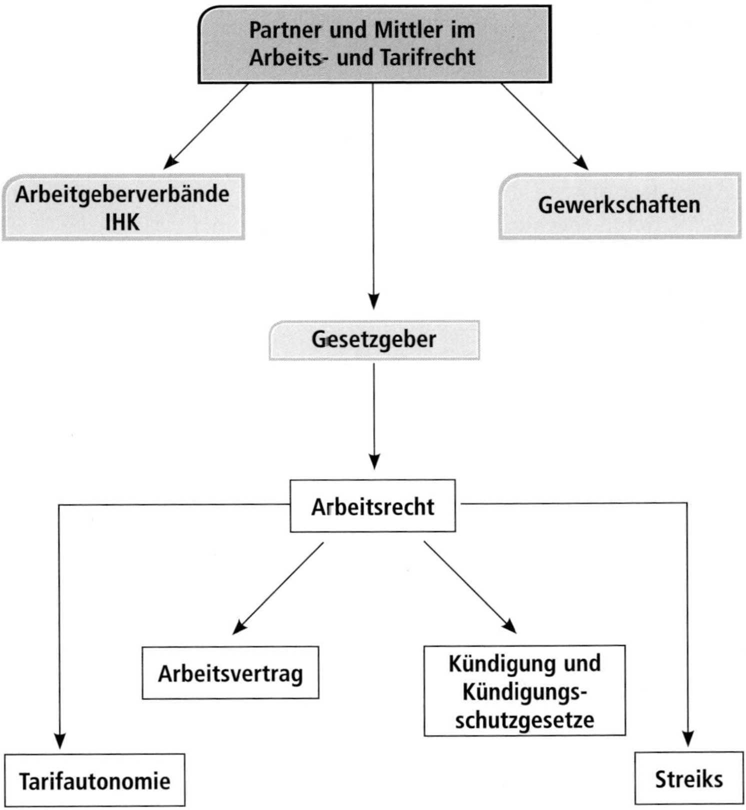

3.1 Arbeitgeberverbände

092–094
296–309

- Interessenverbände von Arbeitgebern (Arbeitgeberverbände) und Arbeitnehmern (Gewerkschaften) können bei der Vorbereitung von Gesetzen durch Stellungnahmen und Vorschläge mitwirken.
- Mitgliedschaften sind gesetzlich nicht zwingend vorgeschrieben, Ausnahme: bei Arbeitgebern die Mitgliedschaft in der IHK.
- Grundsätzliches Ziel der Arbeitgeberverbände: Abwehr gewerkschaftlicher Forderungen.

BDI

095

- **Bundesverband der Deutschen Industrie:** setzt sich zusammen aus den Bundesfachverbänden der Industrie
- **Aufgaben** BDI:
  - Vertretung der wirtschaftspolitischen Interessen der Mitglieder
  - Mitwirkung bei der Verkehrspolitik
  - Mitwirkung bei der Berufsbildung

BDA

096–097

- **Bundesvereinigung der Deutschen Arbeitgeberverbände** (z. B. Gesamtmetall)
- **Aufgaben** BDA:
  - Vertretung der sozialpolitischen Belange und der wirtschaftlichen Interessen der Arbeitgeber und Verbesserung der Wettbewerbsfähigkeit der Betriebe (z. B. Metall)
  - Arbeitsrecht
  - Lohn-und Tarifpolitik
  - Arbeitsmarktpolitik
  - Mitwirkung bei der Berufsbildung

3.2 IHK – Industrie- und Handelskammer

098–101
310–324

- Körperschaften des Öffentlichen Rechts
- Landesministerien üben Aufsicht über IHK aus
- Finanzierung durch die zur Kammer gehörenden Unternehmer

Aufgaben:

- Interessenvertretung aller Wirtschaftszweige im Bereich von Industrie, Handel und Verkehr (keine Lohn- und Gehaltspolitik)
- zuständige Stelle für die Berufsausbildung im Rahmen des Berufsbildungsgesetzes
- Vertretung der Arbeitgeberinteressen im Berufsbildungsausschuss zusammen mit Arbeitnehmervertretern (z. B. Rechtsvorschriften und Prüfungsordnungen beschließen auf der Basis des Berufsbildungsgesetzes)
- Durchführung von Industriemeisterprüfungen
- Feststellen der Eignung von Ausbildungsstätten
- Abnahme von Zwischen- und Abschlussprüfungen
- Überwachung der betrieblichen Ausbildung
- Führung des Verzeichnisses der Berufsausbildungsverhältnisse

3.3 Gewerkschaften

326–358

- Die ersten deutschen Gewerkschaften entstanden ca. 1850.
- Buchdrucker organisierten sich zuerst.
- Die Weimarer Verfassung brachte die Koalitionsfreiheit und die staatliche Anerkennung der Gewerkschaften.
- Gewerkschaften gab es auch im „Dritten Reich" (Arbeitnehmer waren Zwangsmitglieder in der „Deutschen Arbeitsfront").

Deutscher Gewerkschaftsbund (DGB)

102–108

- 1949 wurde der Deutsche Gewerkschaftsbund gegründet.
- Der DGB ist eine Dachorganisation von Mitgliedsgewerkschaften und vertritt deren Interessen.
- Der DGB verfolgt das Prinzip der Einheitsgewerkschaft, d. h.: In einem Betrieb darf nur eine Gewerkschaft aus einem Wirtschaftszweig des DGB tätig sein (z. B. IG-Metall).
- Ziel der Einheitsgewerkschaft:
  - die Verhinderung einer weltanschaulichen Zersplitterung der Gewerkschaftsbewegung
  - Besserstellung von Gewerkschaftsmitgliedern
- Der DGB geht **kein** dauerhaftes, festes Bündnis mit einer Partei ein.
- Er schließt keine Mitglieder einer Partei aus, die zur Bundestagswahl zugelassen ist.
- Er schließt keine Tarifverträge ab.

- Mitglied in der Gewerkschaft wird man durch freiwillige Willenserklärung.
- Circa 35 % der Arbeitnehmer sind heute Mitglied einer Gewerkschaft.
- Kündigungen können sowohl durch Arbeitnehmer als auch durch die Gewerkschaft vorgenommen werden.
- Haupteinnahmequellen der Gewerkschaften sind die Beiträge der Mitglieder.

Aufgaben:
- Gewerkschaften vertreten die Forderungen der organisierten Arbeitnehmer gegenüber den Arbeitgebern.
- Vertretung der Arbeitnehmerinteressen gegenüber Regierung und Parlament
- Aushandeln und Abschluss von Tarifverträgen
- Durchführung von öffentlichen Kundgebungen und Demonstrationen
- Unterstützungsleistungen bei Streiks
- Beratung in arbeitsrechtlichen Fragen (Rechtsschutz)
- Vertretung vor dem Arbeitsgericht
- Schulung von Mitgliedern
- Bildungsmaßnahmen

Vorteile für Arbeitnehmer aus der Gewerkschaftszugehörigkeit:
- Anspruch auf Teilnahme an Bildungsveranstaltungen
- Rechtsvertretung bei Streitigkeiten
- Streikgeld

3.4 Bereiche des Arbeitsrechts

052
359–364

Individualarbeitsrecht	Arbeitsschutzrecht	Kollektives Arbeitsrecht
Arbeitsvertragsrecht	▪ Jugendarbeitsschutzrecht ▪ Schwerbehindertenrecht ▪ Arbeitszeitrecht ▪ Betriebsverfassungsrecht	▪ Tarifvertragsrecht ▪ Berufsbildungsrecht

Das Arbeitsrecht dient dem Schutz der Arbeitnehmer vor
- Beeinträchtigungen der Persönlichkeit,
- wirtschaftlichen Nachteilen,
- gesundheitlichen Schäden,
- ungerechtfertigter Kündigung.

Beachte: Gesetzgebung im Bereich des Arbeitsrechts durch den Bundestag

Weitere Ausgestaltung des Arbeitsrechts durch: **084**

- Arbeitsgerichte (z. B. Änderungskündigung)
- Tarifvertragsparteien
- Arbeitgeber und Betriebsräte

3.5 Arbeitsvermittlung von Arbeitnehmern

010
365–369

▶ Arbeitnehmer ist derjenige, der eine Arbeit fremdbestimmt in einem Abhängigkeitsverhältnis zu einem anderen leistet.

Beispiele:
- *Sekretärin*
- *Industriemeister*
- *Arbeiter*
- *teilzeitbeschäftigte technische Zeichnerin*
- *Montagearbeiter*

Die Arbeitsvermittlung (Agentur für Arbeit) oder die private Arbeitsvermittlung, genehmigt durch die Agentur für Arbeit, ist für den Arbeitnehmer stets gebührenfrei.

3.6 Vertragsverhandlungen bei Einstellung von Arbeitnehmern

008
370–375

- Pflicht zur Offenlegung der Stellenbeschreibung
- Unterrichtung des Bewerbers über besondere gesundheitliche Belastungen des Arbeitsplatzes
- Bericht über bevorstehende organisatorische Maßnahmen, die den Arbeitsplatz verändern
- Erstattung der Reisekosten
- Pflicht zur Rückgabe der Bewerbungsunterlagen bei Nichtabschluss eines Arbeitsvertrages

Fragenkatalog:

Zulässige Fragen	Unzulässige Fragen
Welche Prüfungen wurden mit welchen Noten abgelegt?	Absichten über Eheschließung
Geplante Operation oder Kur bei Arbeitsantritt?	bisherige Krankheiten
Liegt eine Schwerbehinderung vor?	politische Parteibindung
Liegen Vorstrafen lt. Bundes-Zentralregister vor?	Vermögen der Familie
Bereitschaft zu Auslandsreisen?	Einnahme empfängnisverhütender Mittel
aktuelle Lohn- oder Gehaltspfändung	▪ Schwangerschaft ▪ Verdienst beim derzeitigen Arbeitgeber ▪ frühere Lohn- oder Gehaltspfändungen

U 6
011/014–016/018–020/053
376–394

3.7 Der Arbeitsvertrag

- Das Arbeitsverhältnis kommt durch schriftlichen Abschluss eines Arbeitsvertrages zustande.
- Der Arbeitgeber hat eine Fürsorgepflicht und ein Weisungsrecht.
- Der Arbeitnehmer hat eine Arbeits- und Treuepflicht (persönlich).
- Der Arbeitnehmer muss dem Arbeitgeber folgende Unterlagen vorlegen:
  - Steuer-ID
  - Sozialversicherungsnachweisheft
  - Krankenkassennachweis
  - Bankkontennachweis
  - Urlaubsbescheinigung für das laufende Kalenderjahr

Probezeit:

- maximal sechs Monate
- Kündigung ohne Angabe von Gründen möglich (Mindestkündigungsfrist zwei Wochen)

Pflichten aus dem Arbeitsvertrag

Arbeitgeber	Arbeitnehmer
▪ vereinbarte Arbeit zuweisen bzw. gleichwertige und gleich bezahlte Tätigkeit zuweisen ▪ angeordnete Überstunden mindestens als Freizeit abgelten ▪ die wöchentliche vereinbarte tarifliche Arbeitszeit einhalten ▪ Probezeitvereinbarungen einhalten ▪ Urlaub gewähren ▪ Lohnfortzahlung leisten (max. sechs Wochen) ▪ Pflicht zur Lohnzahlung (gleicher Lohn für gleichwertige Arbeit) ▪ für Sicherheit sorgen ▪ Gesundheit, Sitte und Anstand schützen ▪ Sozialversicherungsbeiträge abführen ▪ alle Arbeitnehmer bei Freistellung gleich behandeln ▪ Zeugniserstellung	▪ jede Arbeitsverhinderung unverzüglich anzeigen (1. Tag), mindestens jedoch am 3. Werktag eine ärztl. Krankschreibung vorlegen ▪ dem Arbeitsvertrag entsprechende Arbeiten gewissenhaft ausführen ▪ zum Erfolg betrieblicher Ziele beitragen ▪ drohende Schäden verhindern bzw. melden ▪ Urlaubspläne mit betrieblichen Belangen abstimmen ▪ keine Konkurrenz zum Arbeitgeber durch Nebentätigkeiten (Informationspflicht) ▪ Arbeitszeit einhalten ▪ Unfallverhütungsvorschriften beachten

U 7/9
017/021–024
395–406

3.8 Das Arbeitszeitgesetz (ArbZG)

- Ziele:
  - Verbesserung der Rahmenbedingungen für flexible und individuelle Arbeitszeitmodelle
  - Übertragung von mehr Verantwortung auf die Tarifvertragsparteien
  - Gewährleistung eines Gesundheitsschutzes für Arbeitnehmer
  - Vereinheitlichung der gesetzlichen Bestimmungen für Frauen und Männer hinsichtlich der Arbeitszeiten, Ruhezeiten und Ruhepausen
- ArbZG gilt für alle Arbeitnehmer über 18 Jahren.

- Arbeitszeit ist die Zeit vom Beginn bis zum Ende der Arbeit ohne die Ruhepausen.
- Durchschnittliche werktägliche Arbeitszeit: acht Stunden/pro Woche, max. 48 Std. Der Samstag gilt als Werktag.
- Erhöhung möglich auf zehn Stunden, wenn innerhalb von sechs Kalendermonaten im Durchschnitt acht Stunden täglich nicht überschritten werden.
- Ruhepausen müssen im Voraus feststehen.
- Ruhepausen müssen bei einer sechs- bis neunstündigen Arbeitszeit zusammen mindestens 30 Min. betragen (evtl. 2 · 15 Min.).
- Zuständig für die Überwachung der Einhaltung des ArbZG ist das Gewerbeaufsichtsamt.

U 66
025–031
407–429

3.9 Das Arbeitsentgelt

- Bruttoarbeitsentgelt: Arbeitsentgelt vor Abzug der Steuern und Sozialabgaben
- Nettoarbeitsentgelt: Arbeitsentgelt nach den Abzügen von Steuern und Sozialabgaben
- Reallohnverlust: Preissteigerungen (Inflationsrate) übersteigen Lohnsteigerungen

Zeitlohn

- Beim Zeitlohn ist der Maßstab der Entlohnung die tatsächlich geleistete Arbeitszeit.
- wird ermittelt durch die Multiplikation von Stundenlohn und Arbeitszeit
- wird angewandt, wenn die Leistung nicht oder nur schwer messbar ist
- Das Risiko für Minderleistung trägt allein der Arbeitgeber.
- Mehrleistungen haben keine höhere Bezahlung zur Folge.
- Die Erfassung des Zeitlohnes erfordert Arbeitszeitkontrollen.
- **Beispiele für Tätigkeiten mit Zeitentlohnung:**
  - Fließbandarbeit
  - Wartungs- und Reparaturarbeiten
  - Transportarbeiten
  - Reinigungsarbeiten

Akkordlohn (Leistungslohn)

- Der Lohn ist von der Leistung abhängig.
- Der Arbeitnehmer muss das Arbeitstempo selbst bestimmen können.
- Fertigungskosten können zuverlässig kalkuliert werden.

- Die Entlohnung erfolgt für die tatsächliche Arbeitsleistung (Lohngerechtigkeit).
- **Beispiele für Einsatzmöglichkeiten:**
  – Ausstanzen von Blechteilen
  – Verlegen von Fliesen
  – Tapezieren von Räumen

Akkordlohnberechnung

Begriffe

Tariflohn (Mindestlohn, Ecklohn)	10,00 €
+ Akkordzuschlag, i. d. R. 20 %	2,00 €
Grundlohn (Akkordrichtsatz)	12,00 €

Normalleistung
= die Leistung, die ein normaler Arbeitnehmer unter normalen Umständen nach normaler Einarbeitung innerhalb einer bestimmten Zeiteinheit, i. d. R. eine Std., erbringt

Leistungsgrad
= erbrachte Ist-Leistung im Verhältnis zur Normalleistung

Vorgabezeit
= Normalzeit für eine Leistungseinheit

Stück-Geld-Akkord-Berechnung

a) Stück-Geld-Akkord:

$\frac{\text{Akkordzinssatz}}{\text{Normalleistung}} = \frac{12{,}00\ €}{4\ \text{Stck.}}$

= 3,00 €

b) Tages-Wochen-Monats-Lohn:

Stück-Geld-Akkord · TWM-Menge
= 3,00 € · 50 Stck. = 150,00 €

c) Ist-Stundenlohn:

$\frac{\text{TWM-Lohn}}{\text{Ist-Arbeitsstd.}} = \frac{150{,}00\ €}{7{,}5\ \text{Std.}}$

= 20,00 €/Std.

d) Ermittlung des Beschäftigungs-/Leistungsgrades:

Ermittlung über Std.-Löhne:
12,00 € = 100 %
20,00 € = x %
x = 166,67 %

Ermittlung über Std.-Mengen:
4 Stck. = 100 %
6,67 Stck. = x %
x = 166,67 %

$\frac{\text{Ist-Leistung ges.}}{\text{gel. Arbeitsstd.}} = \frac{50\ \text{Stck.}}{7{,}5\ \text{Std.}}$

= 6,67 Stck./Std.

Stück-Zeit-Akkord-Berechnung

a) Ermittlung der Vorgabezeit:

$\frac{\text{60 Min. (100 dmin.)}}{\text{Normalleistung}} = \frac{60\ \text{Min.}}{4\ \text{Stck.}}$

= 15 Min./Std.

⇨ Minutenfaktor, d. h. das Entgelt für jede Minute der Vorgabezeit

$\frac{\text{Akkordrichtsatz}}{\text{60 Min. (100 dmin.)}} = \frac{12{,}00\ €}{60}$

= 0,20 €

b) Tages-Wochen-Monats-Lohn:

Vorgabezeit · Minutenfaktor · TWM-Menge =
15 · 0,20 · 50 = 150,00 €

c) Ist-Stundenlohn:

wie bei der Stück-Geld-Akkordberechnung

d) Ermittlung des Beschäftigungs-/Leistungsgrades:

wie bei der Stück-Geld-Akkordberechnung

In der Praxis wird fast ausschließlich der Stück-Zeit-Akkord angewandt, da bei Tarifänderungen nur der Minutenfaktor zu ändern ist (beim Stück-Geld-Akkord müssten alle Akkorde neu berechnet werden).

Bewertung von Einzel- und Gruppenakkord

Einzelakkord

Vorteile
- Anreiz zur Leistungssteigerung
- größere Lohngerechtigkeit (fleißige Arbeiter verdienen mehr)
- Vermeidung von Leerlaufzeiten
- bessere Auslastung der Betriebsanlagen
- kein Risiko der Minderleistung für den Betrieb
- fixe Lohnkosten je Mengeneinheit ⇨ einfache Kalkulation

Nachteile
- Vorbereitung zur Lohnberechnung aufwendig (REFA)
- Gefahr der Überlastung von Mensch und Maschine
- übersteigertes Tempo
- erhöhter Verschleiß
- erhöhter Ausschuss
- Qualitätsminderung
- verstärkte Qualitätskontrollen notwendig
- hoher Krankenstand

Gruppenakkord

- Vorgabezeit und Minutenfaktor gelten für eine Gruppe von Arbeitnehmern
- Mehrverdienst der Gruppe wird an die Mitglieder verteilt

Vorteile
- starke Gruppengemeinschaft
- gegenseitige Kontrolle
- vereinfachte Abrechnung

Nachteile
- Überforderung der Gruppe durch den Stärksten
- mögliche physische Überbelastung des Einzelnen

In Rahmentarifverträgen sind Arbeitsentgeltbereiche vorgesehen.

Kriterien für die Eingruppierung von Arbeitnehmern

- Berufsausbildung
- Beschaffenheit des Arbeitsplatzes
- körperliche und geistige Beanspruchung der Arbeitnehmer
- Umweltanforderungen
- Führungsverantwortung für Arbeitnehmer

Lohnnebenkosten für Arbeitgeber

- Arbeitgeberanteil zur Sozialversicherung
- Beiträge zur Unfallversicherung
- Lohnfortzahlung im Krankheitsfall
- Weihnachts- und Urlaubsgeld
- Jubiläumsgelder
- Zuschüsse für betriebliche Sozialeinrichtungen

3.10 Die Lohnfortzahlung

032–037
430–447

- Entgeltfortzahlungsgesetz (EntgFG)
- Der Grundsatz „Ohne Arbeit keinen Lohn“ wird durch Gesetze eingeschränkt (gilt nicht für Beamte), insbesondere bei Arbeitsunfähigkeit durch Krankheit.

Arbeitsunfähigkeit

223

Gesetzliche Pflicht zur Lohnfortzahlung (max. sechs Wochen)	Keine gesetzliche Pflicht zur Lohnfortzahlung
■ unverschuldete Krankheit ■ Zusammenbruch der betrieblichen Energieversorgung ■ Schwangerschaftsabbruch ■ Spende von Organen, Gewebe oder Blut	■ Streik ■ Demonstration/Verkehrsbehinderungen auf dem Arbeitsweg ■ im Urlaub „eingeschneit“ ■ Wehrübung
	■ Kfz-TÜV/Werkstatt für Kfz der Arbeitnehmer ■ Teilnahme des Vaters an Geburt des eigenen Kindes

Gesetzliche Pflicht zur Lohnfortzahlung (max. sechs Wochen)	Keine gesetzliche Pflicht zur Lohnfortzahlung
	■ Fahrverbote ■ bei Trunkenheit im Dienst ■ zeitliche Behinderung bei Rückreise/ Urlaubsende ■ Zeuge vor Gericht ■ ehrenamtliche Tätigkeiten ■ keine Vorlage einer ärztlichen Arbeitsunfähigkeitsbescheinigung nach dem dritten Werktag

U 8
013/054–064
448–464

3.11 Das Bundesurlaubsgesetz (BUrlG)

- gilt für Angestellte, Arbeiter, Praktikanten und Umschüler
- Mindesterholungsurlaub: 24 Werktage (inkl. Samstag)
- Der Mindesturlaub kann durch Tarifverträge heraufgesetzt werden.
  - § 3 Abs. 1 BUrlG: 24 Werktage
  - § 13 BUrlG: Unabdingbarkeit, d. h. keine Reduzierung durch Tarifverträge
- Nach sechs Monaten Beschäftigung erhält man vollen Urlaubsanspruch.
- Für jeden Monat der Beschäftigung hat man Anspruch auf 1/12 des vollen Jahresurlaubes.
- Bei der zeitlichen Festlegung müssen die Urlaubswünsche des Arbeitnehmers berücksichtigt werden.
- Betriebliche Belange haben in der Regel Vorrang.
- Ist der Urlaubstermin auf Wunsch des Arbeitnehmers bestätigt, so kann der Arbeitnehmer diesen nur mit Zustimmung des Arbeitgebers ändern.
- Der Urlaub ist in der Regel zusammenhängend zu gewähren.
- Ärztlich bestätigte Arbeitsunfähigkeit während des Urlaubs führt nicht zur Anrechnung auf den Jahresurlaub.
- Unbezahlter Urlaub muss nicht gewährt werden.
- Urlaub im Anschluss an eine Kur muss gewährt werden.
- Bei Beendigung des Arbeitsverhältnisses kann der Urlaub ausbezahlt werden.
- Urlaubsgeld muss in der Regel vor Urlaubsantritt ausgezahlt werden.

U 5
012/066–067/
073/075/343
465–486

3.12 Kündigung und Kündigungsschutz

3.12.1 Beendigung des Arbeitsverhältnisses

Arbeitsverhältnis

auf bestimmte Zeit	**auf unbestimmte Zeit**
Das Arbeitsverhältnis endet bei Ablauf der vereinbarten Zeit.	Das Arbeitsverhältnis endet durch ▪ Aufhebungsvertrag (übereinstimmende Willenserklärungen der Vertragspartner), ▪ Kündigung (einseitige Willenserklärung eines Vertragspartners).

- Kündigungen sind einseitige Willenserklärungen, durch die das Arbeitsverhältnis aufgelöst werden soll.
- Sie bedürfen der einfachen Schriftform.
- Das Recht zur Kündigung steht beiden Vertragspartnern zu.
- Kündigungen werden wirksam durch ihre Zustellung.
- Kündigungen können einseitig nicht mehr zurückgenommen werden.

Auszug aus dem Manteltarifvertrag Industrie (§ 16 Kündigung):
1. schriftlich, auf Verlangen begründet, Hinweis auf etwaige soziale Auswahl
2. vor Ablauf der Kündigungsfrist ist auf Verlangen eine angemessene Freistellung zur Bewerbung zu gewähren (ohne Gehaltsabzug)
3. Recht auf Ausstellung eines Zwischenzeugnisses

Arbeitsverhältnisse können aufgelöst werden durch
- ordentliche (befristete) Kündigungen (auch während der Probezeit),
- außerordentliche (fristlose) Kündigungen,
- Tod des Arbeitnehmers,
- Zeitablauf bei befristeten Arbeitsverhältnissen,
- Aufhebungsvertrag (gemeinsamer Wille des Arbeitnehmers und Arbeitgebers).

Arbeitsverhältnisse enden nicht durch
- Tod des Arbeitgebers,
- Übernahme des Betriebes durch andere Unternehmen.

3.12.2 Ordentliche Kündigung 068

Die ordentliche Kündigung (§ 622 BGB) muss schriftlich erfolgen und ist stets an eine Kündigungsfrist gebunden.

Kündigungsfristen (gesetzlich für Angestellte und Arbeiter):

Betriebszugehörigkeit	Kündigungsfrist
< 2 Jahre	4 Wochen zum 15. oder zum Monatsende
> 2 Jahre	1 Monat zum Monatsende
> 5 Jahre	2 Monate zum Monatsende
> 8 Jahre	3 Monate zum Monatsende
> 10 Jahre	4 Monate zum Monatsende
> 12 Jahre	5 Monate zum Monatsende
> 15 Jahre	6 Monate zum Monatsende
> 20 Jahre	7 Monate zum Monatsende

U 16–17

3.12.3 Außerordentliche Kündigung 070

Die außerordentliche Kündigung (§ 626 BGB) ist stets eine **fristlose Kündigung** aus **wichtigem Grund**.

Beispiele:
- *Tätlichkeiten*
- *Straftaten im Betrieb*
- *grobe Beleidigungen*
- *Arbeitsverweigerung*
- *Verletzung der Arbeitsschutzbestimmungen*
- *Nichtzahlung der Vergütung*
- *Alkohol- und Drogengenuss*
- *Preisgabe von Betriebsgeheimnissen*

Wer eine fristlose Kündigung verursacht, schuldet dem Vertragspartner Schadenersatz.

Die Kündigung muss binnen zwei Wochen ausgesprochen werden, nachdem der Kündigungsgrund bekannt wurde.

Die Klage beim Arbeitsgericht wiederum muss binnen drei Wochen erfolgen.

3.12.4 Sozial ungerechtfertigte Kündigung (Sozialrechtfertigungsklausel)

Der Arbeitgeber kann keinen Einspruch gegen eine fristgerecht ausgesprochene Kündigung durch den Arbeitnehmer erheben. Der Arbeitnehmer hingegen ist durch das Kündigungsschutzgesetz gegen eine Kündigung durch den Arbeitgeber geschützt.

Beispiele:
- *Arbeitnehmer, die länger als sechs Monate ununterbrochen einer Unternehmung angehören.*
- *Die Kündigung ist unwirksam, wenn sie sozial ungerechtfertigt ist.*

Eine Kündigung ist sozial ungerechtfertigt, wenn
- sie in der Person des Arbeitnehmers begründet ist (z. B. fehlende Eignung, ansteckende Krankheiten).
- sie im Verhalten des Arbeitnehmers begründet ist (z. B. Pflichtverletzung, mangelnde Arbeitsleistungen, dauernde Unpünktlichkeit).
- sie auf dringenden betrieblichen Erfordernissen beruht (z. B. Produktionseinschränkung, Stilllegung einzelner Abteilungen, dauerhafter Auftragsmangel).

Beruht eine außerordentliche Kündigung auf solchen Erfordernissen, so ist sie trotzdem sozial ungerechtfertigt, wenn der Arbeitgeber bei der Auswahl des zu Kündigenden soziale Gesichtspunkte nicht ausreichend berücksichtigt hat (z. B. müsste einem Ledigen vor einem Familienvater gekündigt werden).

3.12.5 Widerspruchsrecht des Betriebsrates U 35

Der Betriebsrat ist bei jeder Kündigung anzuhören. Er kann innerhalb der Frist einer ordentlichen Kündigung widersprechen, wenn
- der Arbeitgeber bei der Auswahl des zu kündigenden Arbeitnehmers soziale Gesichtspunkte nicht oder nicht ausreichend berücksichtigt hat,
- der zu kündigende Arbeitnehmer an einem anderen Arbeitsplatz im selben Betrieb oder in einem anderen Betrieb des Unternehmens weiter beschäftigt werden kann,
- die Weiterbeschäftigung des Arbeitnehmers nach zumutbaren Umschulungs- oder Fortbildungsmaßnahmen möglich ist,
- eine Weiterbeschäftigung des Arbeitnehmers unter geänderten Vertragsbedingungen möglich ist und der Arbeitnehmer sein Einverständnis hierzu erklärt hat.

U 3/18
038–039
487–493

3.12.6 Arbeitspapiere bei Kündigung

Zeugnis

einfach	**qualifiziert**
▪ Personalien ▪ Dauer und Art der Beschäftigung	▪ Daten „einfaches Zeugnis" ▪ Angaben über Führung, Leistung und Aufgabenbereich

Die Arbeitspapiere beinhalten Folgendes:

- Lohnsteuerbescheinigung mit entsprechenden Eintragungen, wie:
  - Dauer der Beschäftigung
  - Bruttolohn
  - Sozialversicherungsbeiträge
  - Lohnsteuer
  - Solidaritätszuschlag
  - vermögenswirksame Leistungen
  - Fahrgeld
- Urlaubsbescheinigung
- Einkommensbestätigung über den durchschnittlichen Lohn der letzten drei Monate (zur Vorlage bei der Agentur für Arbeit)
- Abmeldung von der Sozialversicherung
- Bestätigung über die ordnungsgemäße Rückgabe von Betriebseigentum
- Arbeitszeugnisse
  - müssen unverzüglich nach Zugang der Kündigung erteilt werden,
  - dürfen das Fortkommen des Arbeitnehmers nicht behindern,
  - müssen vom Wohlwollen für den Arbeitnehmer getragen sein,
  - müssen alle für die Gesamtbeurteilung des Arbeitnehmers wesentlichen Angaben enthalten,
  - müssen der Wahrheit entsprechen.

3.13 Gesetze

U 19

065/071/074

3.13.1 Kündigungsschutzgesetze

494–538

- Sie gestalten die Kündigung eines Arbeitsvertrages für den Arbeitgeber schwieriger als für den Arbeitnehmer (dadurch sinkt die Bereitschaft zu unbefristeten Neueinstellungen).
- gelten erst ab einer Beschäftigungsdauer von sechs Monaten
- Die Kündigungsfrist richtet sich nach der Dauer des Arbeitsverhältnisses.
- Der Arbeitgeber muss dem Arbeitnehmer eine angemessene Zeit zur Suche eines neuen Arbeitsplatzes zur Verfügung stellen.
- Der Arbeitgeber muss bei der Kündigung einen Grund angeben, der die Kündigung sozial rechtfertigt.
- Gegebenenfalls muss eine Kündigungsschutzklage des Arbeitnehmers innerhalb von drei Wochen erfolgen.
- Besonderen Kündigungsschutz genießen:
  - Betriebsrat, Jugend-/Auszubildendenvertretung
  - Wehrdienstleistende
  - Schwangere und Mütter nach der Entbindung
  - schwerbehinderte Menschen

Gesetzliche Grundlagen

- Kündigungschutzgesetz (KSchG)
- Arbeitsplatzschutzgesetz (ArbPlSchG)
- Mutterschutzgesetz (MuSchG)
- Beschäftigtenschutzgesetz (BeSchG)
- Schwerbehindertengesetz (SchwbG)
- Gesetz über die Fristen für die Kündigung von Angestellten

072/082

3.13.2 Arbeitsplatzschutzgesetz (ArbPlSchG)

494–500

- Schützt Arbeitnehmer, die zum Grundwehrdienst oder zur Wehrübung bzw. zum Zivildienst in Deutschland einberufen werden.
- Verdienstausfall für Musterung bezahlt Arbeitgeber.
- Während des Grundwehrdienstes ruht das Arbeitsverhältnis.
- Während des Grundwehrdienstes besteht Kündigungsschutz.
- Während des Grundwehrdienstes bleibt der Arbeitnehmer Angehöriger des Betriebes.

- Der Arbeitnehmer hat den Einberufungsbescheid dem Arbeitgeber unverzüglich vorzulegen (ansonsten Anspruch des Arbeitgebers auf Schadenersatz).
- Recht des Arbeitnehmers, während des Grundwehrdienstes an Betriebsratsversammlungen teilzunehmen.

076–081

3.13.3 Jugendarbeitsschutzgesetz (JArbSchG) 501–519

- Schutz von jugendlichen Personen zwischen 14 und 18 Jahren im Rahmen einer Beschäftigung (Arbeit oder Ausbildung, gilt nicht im Familienhaushalt)
- Beschäftigung von Kindern ist grundsätzlich verboten
- tägliche Arbeitszeit höchstens 8 Std./Tag, wöchentlich max. 40 Std.
- Ruhepause: 30 Min. bei einer Arbeitszeit von mehr als viereinhalb bis sechs Stunden, 60 Min. bei einer Arbeitszeit über sechs Stunden
- Urlaub:
  - min. 30 Werktage, wenn zu Jahresbeginn unter 16 Jahren
  - min. 27 Werktage, wenn zu Jahresbeginn unter 17 Jahren
  - min. 25 Werktage, wenn zu Jahresbeginn unter 18 Jahren
- Wochenarbeitszeit max. an 5 Tagen
- keine Akkord- und Fließbandarbeiten
- Beschäftigung mit gefährlichen Arbeiten und ggf. Akkord nur (als Ausnahme), wenn für Ausbildungsziel erforderlich und das 16. Lebensjahr vollendet ist
- Überwachung der Einhaltung der Vorschriften erfolgt durch das Gewerbeaufsichtsamt
- Arbeitsverbot nach fünf Zeitstunden Berufsschule bzw. vor dem Unterricht, wenn dieser vor 09:00 Uhr beginnt
- Zwischen Feierabend und Arbeitsbeginn am nächsten Tag müssen mindestens zwölf Stunden Freizeit liegen.
- Am Tag vor der schriftlichen Prüfung ist der Jugendliche freizustellen.

U 21
083

3.13.4 Mutterschutzgesetz (MuSchG) 520–527

- Anspruch begründet durch ärztlich bestätigte Schwangerschaft
- gilt für werdende Mütter, die in einem Beschäftigungs- oder Ausbildungsverhältnis stehen (nicht für Arbeitslose)
- Nichtbeschäftigung: sechs Wochen vor der Entbindung, acht Wochen nach der Entbindung
  Schonfrist: 14 Wochen

- keine Fließarbeit mit vorgegebenem Arbeitstempo
- Freizeitgewährung für anstehende ärztliche Untersuchungen
- Während der Schwangerschaft darf der Arbeitgeber weder ordentlich noch fristlos kündigen.
- Der Arbeitgeber darf bis zum Ablauf von vier Monaten nach der Entbindung auch nicht ordentlich kündigen (ggf. Ausnahmeregelung durch oberste Landesbehörde).
- Bezahlte Nebentätigkeiten sind nicht grundsätzlich verboten.

3.13.5 Allgemeines Gleichbehandlungsgesetz 528–529

gilt für
- alle Arbeitnehmer
- weibliche und männliche Soldaten
- Beamtinnen und Beamte
- zur Berufsausbildung Beschäftigte

⇨ u.a. Schutz vor sexueller Belästigung am Arbeitsplatz

3.13.6 Schwerbehindertengesetz (SchwbG) 530–538

- Feststellung des Grades der Behinderung durch für die Durchführung des Bundesversorgungsgesetzes zuständige Behörde
- voller Anspruch ab 50% Behinderung
- Arbeitgeber muss Schwerbehindertenbewerbung mit der Schwerbehindertenvertretung des Betriebes erörtern.
- 6% aller Arbeitsplätze sind für Schwerbehinderte zu reservieren (gilt nicht für Betriebe mit weniger als 16 Arbeitsplätzen).
- Für jeden unbesetzten Pflichtplatz ist eine Ausgleichsabgabe zu zahlen.
- Vertrauensmann der Schwerbehinderten hat das Recht auf Teilnahme an allen Betriebsratssitzungen (Wahl eines Vertrauensmannes bei mehr als fünf Schwerbehinderten in einem Unternehmen)
- Eine fristlose Kündigung von Schwerbehinderten ist nicht möglich.
- Ordentliche Kündigungen bedürfen der Zustimmung der Hauptfürsorgestelle.

U 6/23–26/28
023–028/109–126
539–556

3.14 Tarifautonomie

- Tarifvertragsparteien (Gewerkschaften und Arbeitgeberverbände bzw. einzelne Arbeitgeber) haben das Recht, Tarifverträge ohne staatliche Einmischung abzuschließen (z. B. Lohnstopp).
- Tarifverträge dürfen **nicht** gegen geltendes Recht verstoßen.
  Beispiele:
  – *Akkordarbeit von Auszubildenden*
  – *Verzicht auf einen Teil des gesetzlich festgelegten Mindesturlaubes*
  – *Lohnerhöhungen dürfen nur den organisierten Arbeitnehmern gewährt werden.*
  – *kein gesetzlicher Zusatzurlaub für Schwerbehinderte*
- **Wird** ein **Tarifvertrag** durch den **Bundesminister für Arbeit und Soziales für allgemeinverbindlich erklärt**, dann gilt er auch für die Arbeitgeber des Tarifbereichs, die nicht dem Arbeitgeberverband angehören.

Regelungen:

1. Manteltarifvertrag:
   - Jahresurlaubsanspruch
   - regelmäßige Wochenarbeitszeit
   - Abschluss, Inhalt und Beendigung von Arbeitsverhältnissen
   - Ausgleich von Überstunden durch Freizeit

2. Rahmentarifvertrag:
   - Berufsausbildung
   - körperliche Beanspruchungen
   - Führungsverantwortung
   - Beschaffenheit des Arbeitsplatzes

3. Lohntarifvertrag:
   - Mindestlöhne
   - Höhe der Löhne in Lohn- und Gehaltsgruppen

U 25/27
122/126–139/168
557–577

3.15 Streik

▶ Kollektive Arbeitsniederlegung, um erhobenen Forderungen Ausdruck zu verleihen.

- „Tarifliche Friedensfrist“: Während der Laufzeit eines Tarifvertrages ist jede Kampfmaßnahme zur Änderung des Tarifvertrages zu unterlassen.
- Häufigkeit von Streiks in EU-Ländern: Frankreich am häufigsten, Österreich am wenigsten (Jahresdurchschnitt 2005–2013)
- Ein Streik ist nur dann rechtmäßig, wenn er von einer Gewerkschaft geführt wird.
- Einzelheiten der Vorbereitung und Durchführung von Arbeitskämpfen sind nicht gesetzlich geregelt. Üblich sind Schlichtungsverhandlungen und Urabstimmung zum Streik (vgl. Einzelheiten in den Satzungen der jeweiligen Gewerkschaften):
  - 75 % der gewerkschaftlich organisierten Mitarbeiter müssen zustimmen.
  - Spruch eines Schlichters = unverbindlicher Kompromissvorschlag
- Beamte haben kein Streikrecht.
- Arten von Streiks:
  - Warnstreik
  - Generalstreik
  - spontaner Streik
  - Sympathiestreik
  - Schwerpunktstreik (ausgewählte Unternehmen)
  - „wilder Streik“: Arbeitnehmer einer Betriebsabteilung legen z. B. unbefristet die Arbeit nieder (nicht von der Gewerkschaft getragen); Folge: Arbeitgeber kann alle streikenden Arbeitnehmer fristlos entlassen.
- Die sachlichen Mittel des Betriebsrates dürfen für Streiks nicht eingesetzt werden.

Aussperrung ist die Arbeitskampfmaßnahme der Arbeitgeber bei einem gewerkschaftlichen Streik:

- Arbeitgeber dürfen nicht nur die in einer bestimmten Gewerkschaft organisierten Arbeitnehmer aussperren.
- Arbeitgeber dürfen bei einem Teilstreik nicht sämtliche Arbeitnehmer des Tarifgebietes aussperren.

3.16 Tarifverhandlungen und Arbeitskampf

Tarifverhandlungen

↓

**Keine Einigung/
Erklärung des Scheiterns der Verhandlungen**

↓

Bei Scheitern Schlichtungsversuch durch Unparteiischen

↓

Urabstimmung über Kampfmaßnahmen; Streik, wenn mind. 75 % der Gewerkschaftsmitglieder zustimmen

↓

Mögliche Gegenmaßnahme der Arbeitgeber: Aussperrung

↓

Neue Verhandlungen

↓

Ende des Streiks, wenn mindestens 25 % der Gewerkschaftsmitglieder der Beendigung zustimmen

Streikarten

wilder Streik	Punktstreik	organisierter Streik	Sympathiestreik	Warnstreik
von der Gewerkschaft nicht gebilligter Streik	zielt nur auf die wichtigsten Betriebe	Gewerkschaft hat Streik in Urabstimmung beschlossen und übernimmt Zahlung von Streikgeldern und organisierten Streikposten	AN anderer, nicht betroffener Betriebe oder Branchen streiken mit	Kurze Arbeitsunterbrechung als Demonstration der Streikbereitschaft

4 Betriebliche Mitbestimmung

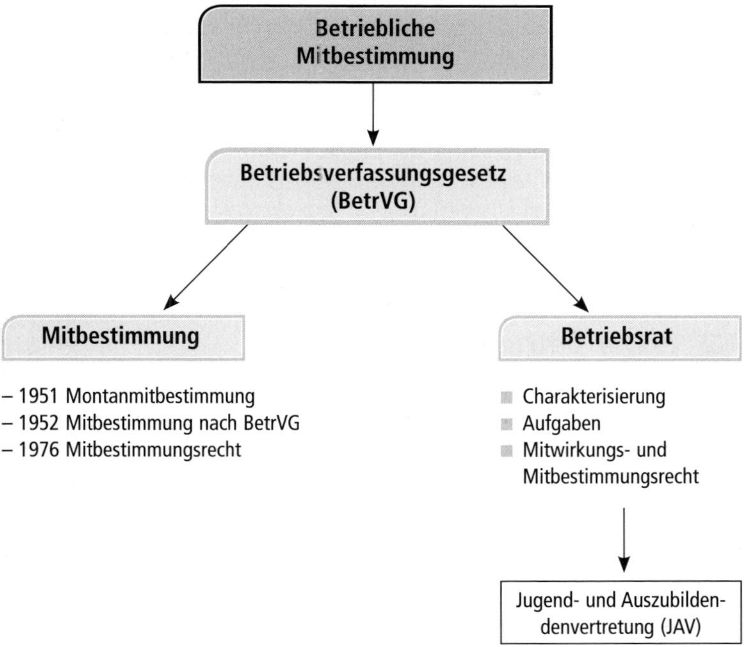

4.1 Betriebsverfassungsgesetz (BetrVG)

U 29
140–146/189–191
578–583

Das Betriebsverfassungsgesetz (BetrVG) bildet die rechtliche Grundlage der betrieblichen Mitbestimmung. Es gilt für alle inländischen Betriebe, auch wenn sie im Besitz von Ausländern sind. Das BetrVG regelt die Zusammenarbeit zwischen Arbeitgebern und Belegschaft im Betrieb (leitende Angestellte und Geschäftsführer gehören zur Arbeitgeberseite).

Beispiele:
- *Recht zur Durchführung von Betriebsversammlungen*
- *Mitbestimmungsrechte des Betriebsrates*
- *Mitwirkungs- und Mitbestimmungsrechte bei Einstellungen und Umgruppierungen (ab 20 wahlberechtigten Arbeitnehmern)*
- *Aufgaben der Jugend- und Auszubildendenvertretung*
- *Zusammensetzung des Betriebsrates*

U 29/32/36
147–158
584–612

4.2 Der Betriebsrat

- Der Betriebsrat vertritt die Arbeitnehmer im eigenen Betrieb.
- Gewerkschaften dürfen an Betriebsversammlungen teilnehmen.
- Betriebsräte können laut BetrVG gebildet werden, wenn mindestens fünf ständige wahlberechtigte Arbeitnehmer, von denen drei wählbar sind, beschäftigt werden.
- Die Kosten der Betriebsratswahl trägt der Arbeitgeber.
- Wahlberechtigt sind alle Arbeitnehmer, die das 18. Lebensjahr vollendet haben, unabhängig von der Beschäftigungsdauer (**aktives Wahlrecht**). Ausnahme: Leiharbeiter, die bereits seit mindestens drei Monaten im Unternehmen sind (§ 7 BetrVG).
- In den Betriebsrat können nur Arbeitnehmer gewählt werden, die dem Betrieb mindestens sechs Monate angehören (**passives Wahlrecht**).
- Der Betriebsrat wird in geheimer und unmittelbarer Wahl gewählt, d. h., die Wahlberechtigten müssen ihre Stimme persönlich abgeben.
- Die Anzahl der Betriebsratsmitglieder richtet sich nach der Zahl der wahlberechtigten Arbeitnehmer.
- Regelmäßige Amtszeit des Betriebsrates: vier Jahre

- Anfechtungen der Betriebsratswahl können vorgenommen werden durch:
  - mindestens drei wahlberechtigte Arbeitnehmer
  - den Arbeitgeber
  - eine im Betrieb vertretene Gewerkschaft (Einheitsgewerkschaft)
- Mitglieder des Betriebsrates führen ihr Amt als Ehrenamt aus.
- Zum Ausgleich für Betriebsratstätigkeit kann entsprechende Arbeitsbefreiung beansprucht werden.
- Betriebsratsmitglieder müssen von beruflicher Tätigkeit befreit werden, soweit es zur Erfüllung ihrer Aufgaben erforderlich ist.
- Sie müssen für entsprechende Schulungsveranstaltungen freigestellt werden.
- Der Vorsitzende wird aus der Mitte des Betriebsrates gewählt.
- Die Kosten für den Betriebsrat trägt der Arbeitgeber.

4.2.1 Betriebsratsaufgaben

Allgemeiner Bereich	▪ Interessenvertretung der Arbeitnehmer ▪ Überwachung der Einhaltung der Gesetze und Vereinbarungen, die dem Schutz der Arbeitnehmer dienen ▪ Weiterleitung berechtigter Beschwerden an den Arbeitgeber ▪ Eingliederung Schwerbehinderter und sonstiger schutzbedürftiger Arbeitnehmer ▪ Vorbereitung der Wahl der Jugendvertretung ▪ Abhalten von Betriebsversammlungen
Sozialer Bereich **030–031**	▪ Abschluss von Arbeitsordnungen (Tragen von Schutzkleidung, Rauchverbot, Torkontrollen) ▪ Beginn und Ende der täglichen Arbeitszeit sowie der Pausen ▪ gleitende Arbeitszeit, Überstunden, Sonderschichten ▪ Aufstellen von Entlohnungsgrundsätzen (Zeitlohn, Prämien, Akkord) ▪ Zeit, Ort und Art der Lohn- und Gehaltszahlung ▪ Aufstellung eines Urlaubsplans ▪ Grundsätze zur Überwachung von Arbeitnehmern ▪ Verwaltung der betrieblichen Sozialeinrichtungen ▪ Unfallverhütung ▪ betriebliches Vorschlagswesen ▪ vermögenswirksame Leistungen

Personeller Bereich 069	■ Personalplanung (Auswahlrichtlinien, Formulierung von Einstellungs- und Personalfragebogen) ■ Förderung der beruflichen Aus- und Weiterbildung ■ Entfernung betriebsstörender Arbeitnehmer ■ In Unternehmen mit mehr als 20 Arbeitnehmern ist der Betriebsrat von jeder – Einstellung, – Entlassung, – Ein- und Umgruppierung, – Versetzung zu unterrichten (verweigert er innerhalb einer Woche seine Zustimmung, so kann diese auf Antrag des Arbeitgebers durch das Urteil des Arbeitsgerichtes ersetzt werden).
Wirtschaftlicher Bereich	Mitbestimmungsrecht bei geplanten Betriebsänderungen, wenn dadurch wesentliche Nachteile für die Arbeitnehmer zu erwarten sind, z. B.: ■ Stilllegung des Betriebes oder wesentlicher Teile ■ Verlegung des Betriebes oder wesentlicher Teile ■ Zusammenschluss mit anderen Betrieben ■ grundlegende Änderung der Betriebsorganisation ■ Einführung neuer Arbeitsmethoden und Fertigungsverfahren ■ Aufstellung eines Sozialplanes zur Minderung der Folgen einer Betriebsänderung

U 36
159–160

4.2.2 Betriebsversammlungen

613–618

Versammlung der Arbeitnehmer eines Betriebes durch Einladung des Betriebsrats während der Arbeitszeit. Der Betriebsrat hat der Betriebsversammlung einen Tätigkeitsbericht vorzulegen (die Versammlung hat nicht die Aufgabe, die Beschlüsse des Betriebsrats zu genehmigen!). Die im Betrieb vertretene Gewerkschaft kann Beauftragte entsenden.

U 6/24/37
161–167

4.2.3 Betriebsvereinbarungen

619–625

Sie werden zwischen Arbeitgebern und Betriebsrat geschlossen und dürfen nicht gegen gesetzliche Bestimmungen verstoßen. Die Beschlüsse gelten für alle Arbeitnehmer im Betrieb.

⇨ Betriebsvereinbarungen regeln alle betrieblichen Fragen, die nicht in Tarifverträgen geregelt sind.

Beispiele:
- *Zeit und Ort der Lohnzahlung*
- *werktägliche Arbeitszeit*
- *Betriebsordnung (Ordnungs- und Sicherheitsvorschriften)*
- *Verwaltung der Betriebskantine*
- *Fahrgeldzuschuss für Arbeitnehmer*
- *Festsetzung von Akkordsätzen*
- *Prämienzahlung oder 13./14. Monatsgehalt*
- *Kosten für Weiterbildung*
- *Zusatzmaßnahmen Unfallverhütung*

U 36
179–188
626–642

4.2.4 Jugend- und Auszubildendenvertretung (JAV)

Voraussetzungen zur Wahl	Beschäftigung von mindestens fünf Arbeitnehmern oder Auszubildenden unter 18 Jahren (mindestens seit drei Monaten im Betrieb beschäftigt) bzw. fünf Auszubildenden unter 25 Jahren
Amtszeit	zwei Jahre
Aufgaben	▪ Maßnahmen zur Berufsausbildung beim Betriebsrat beantragen (keine Verhandlungen mit Arbeitgeber!) ▪ Überwachung der Einhaltung des Jugendarbeitsschutzgesetzes ▪ Anregungen jugendlicher Arbeitnehmer aufgreifen ▪ Einberufung von Betriebsjugendversammlungen ▪ Vertreter zu Betriebsratssitzungen entsenden ▪ Mitentscheidung bei Einführung von Beurteilungsbögen für Auszubildende

4.2.5 Zusammenarbeit zwischen Arbeitgeber und Betriebsrat

U 36
643–649

- Strittige Fragen sind mit ernstem Willen zur Einigung zu verhandeln.
- Arbeitgeber und Betriebsrat dürfen gegeneinander **keine** Maßnahmen des Arbeitskampfes treffen.
- Alle Betätigungen, die den „Betriebsfrieden“ stören, sind zu unterlassen.

- In der Regel findet eine monatliche Besprechung statt.
- Gegebenenfalls eine Einigungsstelle im Betrieb einrichten:
  - unparteiischer Vorsitzender
  - gleiche Anzahl von Beisitzern, die von Arbeitgebern und Betriebsrat gestellt werden

4.2.6 Mitwirkungs- und Mitbestimmungsrecht – Unterrichtungs- und Beratungsrecht

U 30–34
169–178
650–673

Mitentscheidungsrecht

↓

Soziale Angelegenheiten, § 87 BetrVG:
- Betriebsordnung
- Tagesarbeitszeiten und Pausen
- Urlaubsplan
- Unfallverhütung
- Art, Zeit, Ort der Entgeltzahlung
- betriebliche Sozialeinrichtungen, z. B. Kantineneinzelheiten
- technische Einrichtungen zur Zeit-, Verhaltens- und Leistungsüberwachung
- Entlohnungsgrundsätze
- Vorschlagswesen
- Richtlinien über Auswahl bei Einstellungen, Versetzungen, Umgruppierungen, Kündigungen (§ 95 BetrVG)
- Sozialplan bei Betriebsänderung und Insolvenz, § 111

↓

Entscheidung nur mit Zustimmung des Betriebsrats möglich

Widerspruchsrecht

↓

Personelle Einzelmaßnahmen, § 99 BetrVG:
- Einstellungen
- Ein- und Umgruppierungen
- Versetzungen
- Kündigungen (§ 102 BetrVG)

↓

Widerspruchsrecht aus schwerwiegenden Gründen

Informations- und Beratungsrecht

↓

Wirtschaftliche Angelegenheiten, § 106 BetrVG:
- wirtschaftliche und finanzielle Lage
- Investitions- und Produktionsprogramm
- neue Arbeitsmethoden
- Stilllegungen von Betriebsteilen
- Zusammenschluss von Teilbetrieben
- Änderung der Betriebsorganisation bzw. des Betriebszwecks
- Rationalisierungsvorhaben
- Maßnahmen zur Arbeitsplatzgestaltung (§ 90 BetrVG)
- Personalplanung (§ 92 BetrVG)
- Förderung der Berufsbildung (§ 96 f. BetrVG)

↓

Widerspruch ist wirkungslos

4.2.7 Mitbestimmung

Historisch bedingt entwickelten sich verschiedene Modelle bzw. Gesetze zur Mitbestimmung. So wurde u.a. die Mitbestimmung der Arbeitnehmer auf Unternehmensebene geregelt. Im Gegensatz zum damaligen BetrVG ging und geht es hier um ein Mitbestimmen in der Unternehmensleitung, z.B. im Aufsichtsrat (Kontrolle).

Montanmitbestimmungsgesetz (Montan-MitbestG)

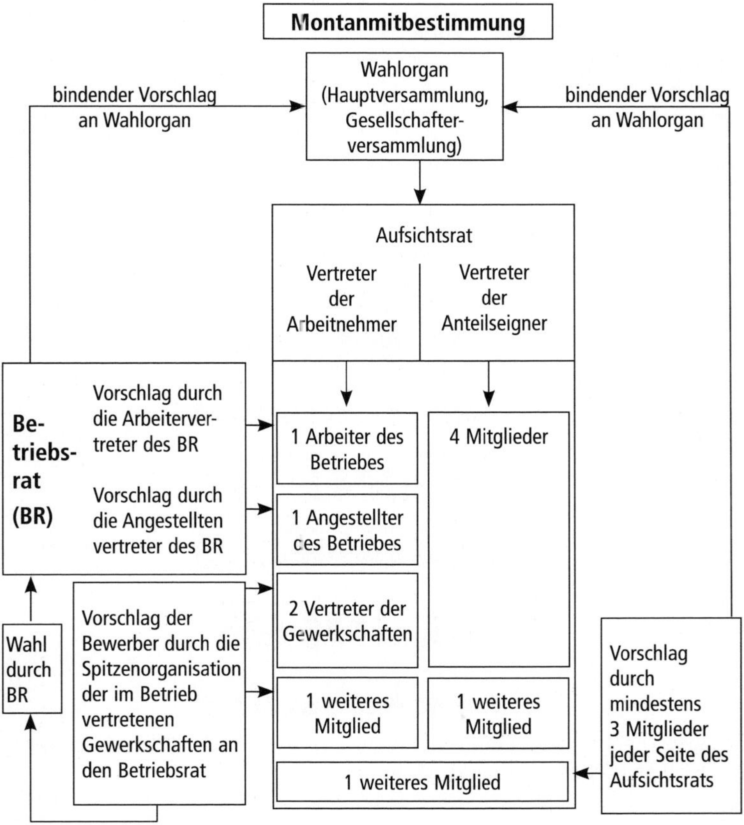

Betriebsverfassungsgesetz (BetrVG)

Mitbestimmung nach dem Betriebsverfassungsgesetz ***(Beispiel:*** *Aufsichtsrat mit neun Mitgliedern):*

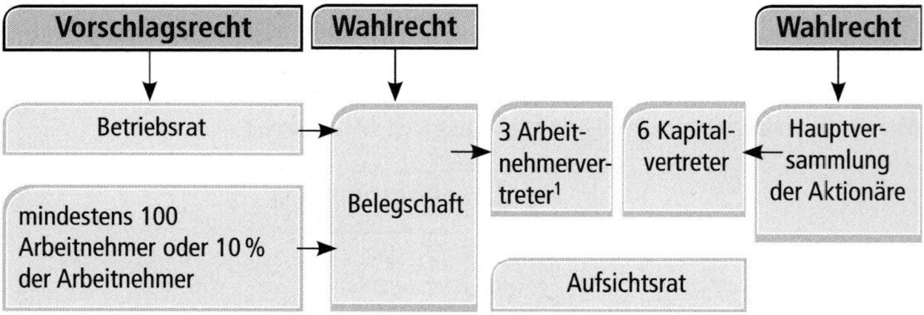

Mitbestimmungsgesetz (MitbestG)

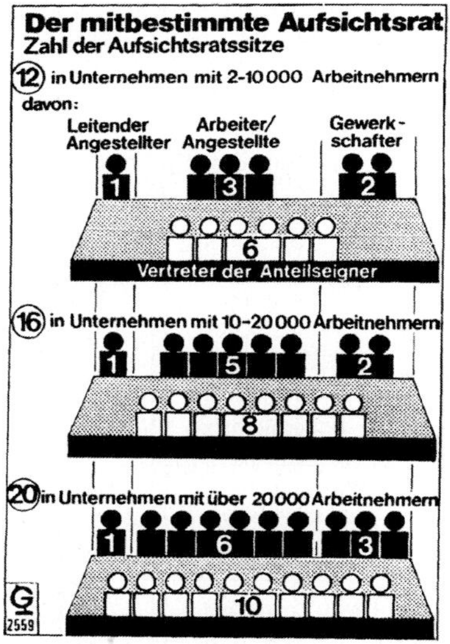

- Anzuwenden für Großunternehmen mit mehr als 2 000 Beschäftigten
- Der Aufsichtsrat ist paritätisch besetzt.

---

[1] *davon ein Angestellter und ein Arbeiter des Unternehmens; ein Vertreter kann von außen stammen*

5 Sozialversicherung

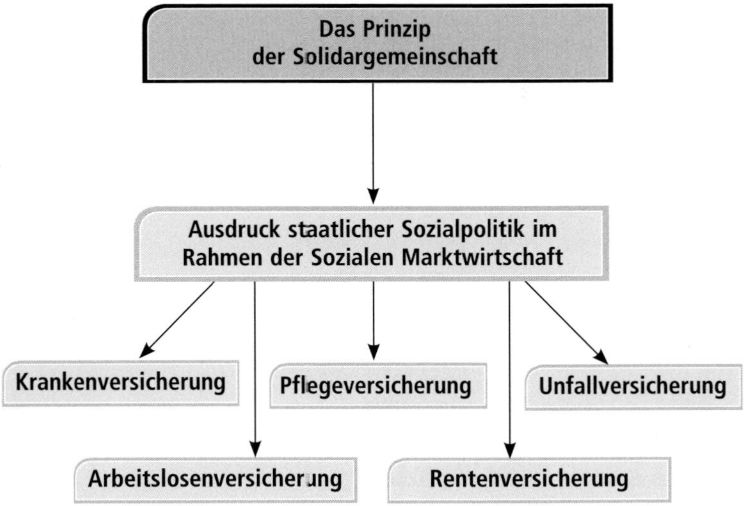

Ziele

Sicherung von
- Einkommen
- Wohnraum

Vermeidung von
- Arbeitslosigkeit
- sozialem Abstieg
- sonstigen Notsituationen

5.1 Geschichte

Ursache für die tiefgreifende soziale Umwälzung im 19. Jahrhundert war die schnelle Industrialisierung etwa ab 1840 sowie der starke Anstieg der Stadtbevölkerung und die gesellschaftliche Entwurzelung der Arbeiter (staatliche Armenpflege zuerst anerkannt in Preußen).

1881	Kaiserliche Botschaft Wilhelms I.: Bismarck gab dem Reichstag den Auftrag, eine Sozialversicherung ins Leben zu rufen (Prinzip der Solidargemeinschaft, „Einer für alle – alle für einen").
1883	Gesetzliche Krankenversicherung Träger: AOK, Ersatzkassen, Innungs- und Betriebskrankenkassen
1884	Gesetzliche Unfallversicherung Träger: Berufsgenossenschaft
1889	Gesetzliche Rentenversicherung der Arbeiter Träger: Deutsche Rentenversicherung
1911	Gesetzliche Rentenversicherung der Angestellten Träger: Deutsche Rentenversicherung Berlin
1927	Gesetzliche Arbeitslosenversicherung Träger: Bundesanstalt für Arbeit/Nürnberg
1995	Gesetzliche Pflegeversicherung Träger: Pflegekassen der gesetzlichen Krankenkassen

Ziele der Sozialversicherung bzw. staatlicher Sozialpolitik

**U 44/56
216/220–225/277**

- Sicherung eines Einkommens für menschenwürdiges Leben
- Vermeidung des sozialen Abstiegs bei Krankheit und im Alter
- Sicherung eines angemessenen Wohnraumes
- Vermeidung von Arbeitslosigkeit
- Vermeidung von Notsituationen für alle Bevölkerungsgruppen
- Sozialversicherung beruht auf dem Prinzip der Solidargemeinschaft (**Solidaritätsprinzip**), d.h., die Gemeinschaft muss unterstützend eingreifen, wenn der Einzelne unverschuldet in Not gerät (Zwangsgemeinschaft der versicherten Arbeitnehmer/Generationenvertrag)
- Das Sozialgesetzbuch (SGB) fasst alle Einzelgesetze im Sozialleistungsbereich zusammen und beseitigt die Zersplitterung des Sozialrechts.
- Weitere Risiken sollten privat abgedeckt werden, z.B. Altersabsicherung, Unfallversicherung, Privathaftpflichtversicherung, Lebensversicherung, Vollkaskoversicherung

5.2 Verwaltung

697–704

- Selbstverwaltung durch gewählte Organe (Vertreterversammlung, Vorstand)
- Wahl der Vertreterversammlung alle sechs Jahre
- Wahlberechtigt sind alle Versicherten über 16 Jahre.
- Freie und geheime Wahl:
  - Versicherte und Rentner wählen ihre Vertreter
  - Arbeitgeber wählen ihre Vertreter
- Aufgaben der Vertreterversammlung:
  - Beschluss der Satzung
  - Wahl der Mitglieder des Vorstandes (Erlass von Richtlinien für die Führung des Verwaltungsgeschäftes)
  - Feststellen des Haushaltsplanes
  - Wahl der Geschäftsführer

U 45–47/57
221/223

5.3 Finanzierung

705–718

- in der Hauptsache durch die Beiträge der Versicherten und der Arbeitgeber
- Beiträge leisten Arbeitnehmer und Arbeitgeber in der Regel jeweils zur Hälfte (berechnet vom Bruttoeinkommen – ohne Freibeträge; Beiträge zur Krankenversicherung ausgenommen); Mindereinnahmen werden ggf. durch den Staat ausgeglichen.
- **Alterspyramide:**

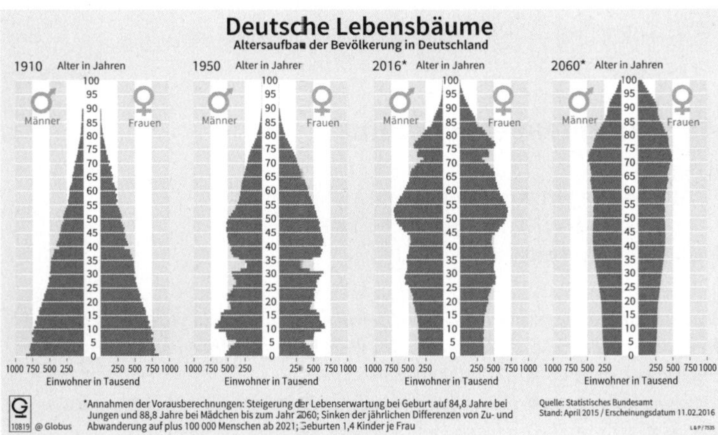

- Kosten für die Sozialversicherung (SV) steigen: höhere Beiträge oder Leistungskürzungen
- Probleme bei der SV-Finanzierung:
  - steigende Kosten bei den Leistungen
  - weniger Beitragszahler
  - Arbeitslosigkeit
  - höhere Lebenserwartung

⇨ Die Überweisung der Sozialversicherungsbeiträge von Arbeitnehmern und Arbeitgebern erfolgt durch die Arbeitgeber gesammelt an die Krankenkassen, die dann eine weitere Verteilung an die entsprechenden Träger der Sozialversicherung vornehmen.

Sozialversicherungsbeiträge (Stand 01/2017):

Rentenversicherung **BBGR**[1]	18,7 % (9,35 % AG; 9,35 % AN) 6 350,00 € (W); 5 400,00 € (O)
Arbeitslosenversicherung **BBGR**	3,0 % (1,5 % AG; 1,5 % AN) 6 350,00 € (W); 5 400,00 € (O)
Krankenversicherung[2] **BBGR**	14,6 % (7,3 % AG; 7,3 % AN) 4 800,00 € (W + O)
Pflegeversicherung **BBGR**	2,55 % (1,175 % AG, 1,175 % AN); 0,25 % Zuschlag f. kinderlose AN ab 23 J.; in Sachsen: 0,675 % AG, 1,675 % AN 4 800,00 € (W + O)
Unfallversicherung	Beiträge zahlt der Arbeitgeber allein.

U 48–52
226–234
718–748

5.4 Krankenversicherung

- Träger:
  - Allgemeine Ortskrankenkassen (AOK)
  - Ersatzkassen (z. B. Barmer-GEK, TKK)
  - Betriebskrankenkassen (BKK)

---

[1] Beitragsbemessungsgrenze (Höchstbruttoeinkommen monatlich zur Berechnung der Beiträge); Einmalzahlungen, z. B. Weihnachtsgeld bleiben bei der BBGR unberücksichtigt; ab 2017 76 200,00€ pro Jahr

[2] gegebenenfalls zusätzlicher, von der jeweiligen Krankenkasse erhobener kassenspezifischer Zusatzbeitrag, den ausschließlich der Arbeitnehmer trägt

- Alle Versicherten können ihre Krankenkasse frei wählen (Gesundheitsstrukturgesetze von 1886). Beamte sind keine Pflichtmitglieder.
- Kündigung der Mitgliedschaft fristgerecht möglich (Ablauf übernächster Monat)
- Bindung von mindestens 18 Monaten an neue Krankenkasse
- Die Pflichtmitgliedschaft endet mit Erreichen der BBGR (Hinweis: einmal privat versicherte Personen können später nicht jederzeit wieder der gesetzlichen Krankenversicherung beitreten!).
- Während einer Arbeitslosigkeit übernimmt die Agentur für Arbeit die Beitragszahlung komplett.
- Krankenversicherung ist eine „Familienversicherung“, d.h. beitragsfreie Mitversicherung von Ehefrau/-mann und Kindern
- Gründe für Beitragserhöhungen
  - mehr alte Menschen
  - höhere Arbeitslosigkeit
  - neue Technologien
  - Mehrausgaben für Medikamente
  - Junge Arbeitnehmer wechseln in die private Versicherung.
  - Alterspyramide: Immer weniger Erwerbstätige finanzieren immer mehr Rentner.

Leistungen

- Die Regelleistungen sind gesetzlich vorgeschrieben.
  - Kosten für ärztliche Behandlungen
  - Kosten für Krankenhausbehandlung
  - Kosten für Arzneimittel
  - Kosten für Krankengeld (max. 78 Wochen innerhalb von drei Jahren)
  - Kosten für Zahnbehandlung und -ersatz
  - Kosten für Vorsorgeuntersuchung
  - Kosten für Kuren und Hilfsmittel
- freie Arzt- und Krankenhauswahl
- Darüber hinaus: private Vorsorge wie Kapitallebensversicherung, Sparverträge, Erwerb von Wohneigentum

5.5 Pflegeversicherung 261

- Träger: Pflegekassen
- Pflichtmitgliedschaft endet für Arbeitnehmer bei Erreichen der BBGR
- sofortiger Leistungsanspruch gemäß der entsprechend festgelegten Pflegestufe (ambulant oder stationär)
- Pflegebedürftigkeit festgestellt durch MDK (Medizinischer Dienst der Krankenkassen
- Familienpflegezeit: Beschäftigte können zur Pflege ihrer Angehörigen die Arbeitszeit auf bis zu 15 Stunden in der Woche reduzieren (max. zwei Jahre/Zeitkonto)

5.6 Unfallversicherung **218–219/222–224/235–250** 749–772

- Träger: Berufsgenossenschaften
- Aufgaben:
  - Unfallverhütung
  - Rehabilitation (Wiederherstellung der Arbeitsfähigkeit von Verunglückten)
  - finanzielle Sicherstellung der Unfallgeschädigten
- Erstellung von Unfallverhütungsvorschriften (für Arbeitnehmer und Arbeitgeber = Bußgeldpflicht)
- Beiträge zur Unfallversicherung zahlt der Arbeitgeber allein für alle Arbeitnehmer entsprechend der betrieblichen Lohnsumme und der Einordnung des Betriebes in eine bestimmte Gefahrenklasse (Beamte sind nicht Pflichtversicherte).
- Leistungen:
  - Überwachung von Unfallverhütungsvorschriften
  - Kosten für Arbeits- und unmittelbare Wegeunfälle der Arbeitnehmer (Heilbehandlung, Kuren [Rehabilitation], Verletztenrente, Prothesen etc.)
  - Kosten der Untersuchung bei Berufsunfähigkeit
  - Zahlung von Hinterbliebenenrenten

5.7 Arbeitslosenversicherung **217/263–273/276** 773–830

- Träger: Bundesagentur für Arbeit (Nürnberg)
- Pflichtversicherung für alle Arbeitnehmer und Auszubildenden (unabhängig vom Bruttoeinkommen)
- Beiträge werden vom Bruttoeinkommen berechnet (max. BBGR) (etwa vorhandenes Vermögen bleibt unberücksichtigt).

Beachte: Bei Verstößen gegen die Regeln zur Zahlung von Arbeitslosengeld kann eine Sperrfrist der Zahlung von zwölf Wochen verhängt werden; bei einem weiteren Verstoß geht der Anspruch auf Arbeitslosengeld unwiederbringlich verloren (ggf. Widerspruch bei der Agentur für Arbeit).

- Aufgaben:
  - Durchführung der im Arbeitsförderungsgesetz genannten Aufgaben, z. B.
    - Aufrechterhaltung eines hohen Beschäftigungsstandes
    - ständige Verbesserung der Beschäftigungsstruktur
    - Ermittlung der Arbeitslosenzahlen
    - Förderung des Wirtschaftswachstums
  - Berufsberatung
  - Arbeitsvermittlung (gebührenfrei)
  - Zahlung von Arbeitslosengeld

- Voraussetzungen:
  - Anwartschaftszeit erfüllt (in der Regel mindestens ein Jahr Beschäftigung)
  - Auszubildende sofort nach bestandener Abschlussprüfung
  - persönliche Arbeitslosmeldung
  - Verfügbarkeit für Arbeitsvermittlung
  - Antrag auf Arbeitslosengeld (ALG I)

Hinweis: Um die Inanspruchnahme von Sozialhilfe zu erreichen, muss eine „Bedürftigkeit“ nachgewiesen werden (Hartz II–IV).

U 53–55
251–260
831–840

5.8 Rentenversicherung

- Träger: Deutsche Rentenversicherung Bund

- Pflichtversicherung für jeden Arbeitnehmer und Auszubildenden (unabhängig von der Höhe des Bruttoeinkommens)
- Finanzierung durch Beitragseinnahmen (Arbeitgeber, Arbeitnehmer und Zuschusszahlung durch den Bund)
- Höhe der Beiträge wird festgelegt durch den Bundestag

- Aufgaben:
  - Übernahme der Kosten für Maßnahmen zur Erhaltung der Erwerbsfähigkeit
  - Zahlung von Berufs- und Erwerbsminderungs- und Erwerbsunfähigkeitsrenten. Arbeitszeit darf täglich sechs bzw. drei Stunden nicht überschreiten (ärztliche Bestätigung); dann erfolgt zunächst eine Zeitrente, max. neun Jahre, danach Umwandlung in Dauerrente.
  - Zahlung von Kuren zur Erhaltung der Erwerbsfähigkeit
  - Zahlung des Altersruhegeldes
    - Mindestanwartschaft fünf Jahre
    - Die Höhe der Rente richtet sich nach der Zahl der Beitragsjahre, dem Durchschnittseinkommen der Arbeitnehmer und dem Durchschnittseinkommen aller Arbeitnehmer.
    - Durch Dynamisierung (Anpassung) der Renten erfolgt eine Anpassung an die Entwicklung der Löhne und Gehälter insgesamt.
  - Aufklärung und Beratung der Versicherten über ihre Rentenansprüche
- seit 2012 Einstieg in die Rente mit 67 Jahren

5.9 Soziale Sicherheit (Sparen und Steuern) 278–286

Sparformen:

- Sparbuch (nicht mehr als 2 000,00 € monatliche Abhebung ohne Ankündigung möglich)
- Tagesgeldkonto
- Sparbrief (mit festem Zinssatz)
- Aktien (Miteigentum an AG)
- Investmentfonds (variable Zinssätze)

Steuern:

- Geldeinnahmen des Staates zur Finanzierung der Staatsausgaben
- erfasst durch elektronische Mitteilung des Arbeitgebers an die Finanzverwaltung
- Grundfreibetrag von 8 652,00 € (Stand: 01/2016) beim zu versteuernden Einkommen
- Lohn- und Einkommensteuern werden berechnet unter Berücksichtigung der Lohnsteuerklasse und der Kinderzahl.
- Werbekostenpauschale 1 000,00 €
- Grundsicherung Ledige ab 24 J.: 404,00 € pro Monat (Regelbedarf Arbeitslosengeld II)

6 Arbeits- und Sozialgerichtsbarkeit

Arbeitsgerichtsbarkeit

Zuständigkeit

- Tarifverträge
- Leistungszulagen
- Akkordvergütung

Sozialgerichtsbarkeit

Zuständigkeit

- Arbeitslosengeld
- Unfallrente
- Zahnersatz
- Berufsgenossenschaft/ Beiträge

Ziele

Schlichtung bei Streitigkeiten in arbeitsrechtlichen Verfahren

Schutz der Sozialversicherten vor fehlerhaften Entscheidungen

6.1 Gerichtsbarkeiten

Ordentliche Gerichtsbarkeit	Arbeitsgerichtsbarkeit	Verwaltungsgerichtsbarkeit	Finanzgerichtsbarkeit	Sozialgerichtsbarkeit
Amtsgericht: ■ Landgericht ■ Oberlandesgericht ■ Bundesgerichtshof	**Arbeitsgericht:** ■ Landesarbeitsgericht ■ Bundesarbeitsgericht	**Verwaltungsgericht:** ■ Oberverwaltungsgericht ■ Bundesverwaltungsgericht	**Finanzgericht:** ■ Finanzgerichte der Bundesländer ■ Bundesfinanzhof	**Sozialgericht:** ■ Landessozialgericht ■ Bundessozialgericht
Amtsgericht: ■ Antrag auf Mahnbescheid ■ Wechselprozess ■ Zivilprozess Streitwert < 5.000,00 EUR ■ Eröffnung von Vergleichs- und Insolvenzverfahren **Landgericht:** ■ Zivilprozess Streitwert > 5.000,00 EUR ■ Berufungsverhandlungen von Amtsgerichtsverfahren	**Arbeitsgericht:** ■ alle Streitigkeiten aus Dienst- und Arbeitsverträgen, z. B. Kündigungsklage, keine Provisionszahlung für Reisende, Einstellungsklage	**Verwaltungsgericht:** ■ alle Streitigkeiten mit öffentlichen Einrichtungen, z. B. Klage gegen vorzeitige Nichtzulassung zur Kaufmannsgehilfenprüfung, Versetzungsbeschlüsse der Schulen	**Finanzgericht:** ■ Alle Streitigkeiten zwischen dem Finanzamt und den Steuerzahlern	**Sozialgericht:** ■ alle Streitigkeiten zwischen den Sozialversicherungsträgern und den Beitragszahlern bzw. Leistungsempfängern, z. B. Klage gegen Rentenbescheid, Klage gegen Entscheidungen der Agentur für Arbeit

084–091
841–855

6.2 Arbeitsgerichtsbarkeit

- Die Gerichtsbarkeiten lassen die Öffentlichkeit grundsätzlich zu (drei Instanzen).
- Es sind in allen Instanzen Arbeitgeber und Arbeitnehmer vertreten.
- Es gibt einen Berufsrichter und zwei ehrenamtliche Richter beim Arbeitsgericht und Landesarbeitsgericht, drei Berufsrichter und zwei ehrenamtliche Richter beim Bundesarbeitsgericht.
- Die Richter sind unabhängig und nur dem Gesetz unterworfen.
- Ehrenamtliche Richter müssen das 25. Lebensjahr vollendet haben.
- Lohnausfall und Fahrtkosten der ehrenamtlichen Richter werden vom Staat bezahlt.
- Ehrenamtliche Richter werden aus Arbeitgebern und Arbeitnehmern ausgewählt.
- örtlich zuständiges Gericht (= in der Regel Wohn- oder Firmensitz der Beklagten)
- In der Regel sind keine Gerichtsgebühren zu zahlen.
- Die Klage kann schriftlich oder mündlich eingereicht werden.
- Kläger und Beklagter können sich jeweils durch einen Anwalt vertreten lassen.
- Das Arbeitsgericht ist zuständig für Klagen aus dem Arbeits- und Ausbildungsverhältnis sowie bei allen Streitigkeiten zwischen Arbeitgebern und Arbeitnehmern.
- Vor jedem Arbeitsgerichtsverfahren muss der Richter eine Güteverhandlung vornehmen.
- Bei minder schweren Klageinhalten ist vorher ein Schiedsverfahren durch einen Schiedsmann erforderlich, z.B. Klage über fehlende Ausbildungsmittel.
- bei Auszubildenden ggf. IHK Schiedsverfahren

Beispiele für Zuständigkeiten des Arbeitsgerichtes:

- Einzelheiten des Tarifvertrages
- Streichung von Leistungszulagen
- Vergütung (z.B. Akkordlohn)
- Kündigung
- Betriebsvereinbarungen

U 58–60
262/274–275
856–864

6.3 Sozialgerichtsbarkeit

- Das Ziel der Sozialgerichtsbarkeit ist der Schutz der Sozialversicherten vor fehlerhaften Entscheidungen der Sozialversicherungen.
- Die Sozialgerichtsbarkeit hat drei Instanzen, die unabhängig von den Verwaltungen bzw. Trägern der Sozialversicherungen sind; ggf. Widerspruch und bei Ablehnung Klage einreichen beim Sozialgericht (Frist: jeweils ein Monat).
- Die Urteilsfindung wird von einem Berufsrichter und zwei ehrenamtlichen Richtern (Arbeitgeber- und Arbeitnehmervertreter) durchgeführt.
- Alle Richter sind gleichberechtigt (Stimmen haben gleiches Gewicht).
- Richter entscheiden in der Regel erst nach vorgeschaltetem Widerspruchsverfahren.
- Von den Versicherten werden keine Gerichtskosten erhoben, damit auch Versicherte mit geringem Einkommen versuchen können, ihre Rechte durchzusetzen.
- Die Öffentlichkeit ist zugelassen, kann aber ausgeschlossen werden.
- Die Beteiligten können sich von Prozessbevollmächtigten vertreten lassen.
- Akteneinsichtsrecht für alle Beteiligten

Beispiele für Zuständigkeiten des Sozialgerichtes:

- Höhe des Arbeitslosengeldes
- Höhe der Unfallrente
- Erstattung von Zahnersatz
- Berufsgenossenschaftsbeitragshöhe

Anhang: Auszüge aus Gesetzestexten

- Bureauordnung von 1872
- Arbeitszeitgesetz (ArbZG)
- Berufsbildungsgesetz (BBiG)
- Betriebsverfassungsgesetz (BetrVG)
- Bürgerliches Gesetzbuch (BGB)
- GmbH-Gesetz (GmbHG)
- Jugendarbeitsschutzgesetz (JArbSchG)
- Mutterschutzgesetz (MuSchG)
- Sozialgerichtsgesetz (SGG)
- Sozialgesetzbuch (SGB)
  - Arbeitsförderung (SGB III)
  - Gesetzliche Krankenversicherung (SGB V)
  - Gesetzliche Rentenversicherung (SGB V)
- Tarifvertragsgesetz (TVG)

Bureauordnung von 1872

Zur Beachtung des Personals

I. Gottesfurcht, Sauberkeit und Pünktlichkeit sind die Voraussetzungen für ein ordentliches Geschäft.

II. Das Personal braucht jetzt nur noch an Wochentagen zwischen 6 Uhr vormittags und 6 Uhr nachmittags anwesend zu sein. Der Sonntag dient dem Kirchgang. Jeden Morgen wird im Hauptbureau das Gebet gesprochen. [...]

VII. Die Einnahme von Nahrung ist zwischen 11.30 Uhr und 12.00 Uhr erlaubt. Jedoch darf die Arbeit dabei nicht eingestellt werden.

Arbeitszeitgesetz (ArbZG)

§ 3 Arbeitszeit der Arbeitnehmer

Die werktägliche Arbeitszeit der Arbeitnehmer darf acht Stunden nicht überschreiten. Sie kann auf bis zu zehn Stunden nur verlängert werden, wenn innerhalb von sechs Kalendermonaten oder innerhalb von 24 Wochen im Durchschnitt acht Stunden werktäglich nicht überschritten werden.

Berufsbildungsgesetz (BBiG)

§ 8 Abkürzung und Verlängerung der Ausbildungszeit

(1) Auf gemeinsamen Antrag der Auszubildenden und Ausbildenden hat die zuständige Stelle die Ausbildungszeit zu kürzen, wenn zu erwarten ist, dass das Ausbildungsziel in der gekürzten Zeit erreicht wird. Bei berechtigtem Interesse kann sich der Antrag auch auf die Verkürzung der täglichen oder wöchentlichen Ausbildungszeit richten (Teilzeitberufsausbildung).

(2) In Ausnahmefällen kann die zuständige Stelle auf Antrag Auszubildender die Ausbildungszeit verlängern, wenn die Verlängerung erforderlich ist, um das Ausbildungsziel zu erreichen. Vor der Entscheidung nach Satz 1 sind die Ausbildenden zu hören.

[...]

§ 17 Vergütungsanspruch

(1)* Ausbildende haben Auszubildenden eine angemessene Vergütung zu gewähren. Sie ist nach dem Lebensalter der Auszubildenden so zu bemessen, dass sie mit fortschreitender Berufsausbildung, mindestens jährlich, ansteigt.

[...]

---

* *Wer die Ausbildungszeit verlängern muss, weil er die Abschlussprüfung nicht bestanden hat, kann für den Zeitraum der Verlängerung keine höhere Vergütung beanspruchen. (Urteil des Bundesarbeitsgerichts vom 08.02.1978)*

§ 21 Beendigung

(1) Das Berufsausbildungsverhältnis endet mit dem Ablauf der Ausbildungszeit. Im Falle der Stufenausbildung endet es mit Ablauf der letzten Stufe.

(2) Bestehen Auszubildende vor Ablauf der Ausbildungszeit die Abschlussprüfung, so endet das Berufsausbildungsverhältnis mit Bekanntgabe des Ergebnisses durch den Prüfungsausschuss.

(3) Bestehen Auszubildende die Abschlussprüfung nicht, so verlängert sich das Berufsausbildungsverhältnis auf ihr Verlangen bis zur nächstmöglichen Wiederholungsprüfung, höchstens um ein Jahr.

Betriebsverfassungsgesetz (BetrVG)

§ 14 Wahlvorschriften

(1) Der Betriebsrat wird in geheimer und unmittelbarer Wahl gewählt.

[...]

(3) Zur Wahl des Betriebsrats können die wahlberechtigten Arbeitnehmer und die im Betrieb vertretenen Gewerkschaften Wahlvorschläge machen.

(4) Jeder Wahlvorschlag der Arbeitnehmer muss von mindestens einem Zwanzigstel der wahlberechtigten Arbeitnehmer, mindestens jedoch von drei Wahlberechtigten unterzeichnet sein; in Betrieben mit in der Regel bis zu zwanzig wahlberechtigten Arbeitnehmern genügt die Unterzeichnung durch zwei Wahlberechtigte. [...]

(5) Jeder Wahlvorschlag einer Gewerkschaft muss von zwei Beauftragten unterzeichnet sein.

§ 14a Vereinfachtes Wahlverfahren für Kleinbetriebe

(1) In Betrieben mit in der Regel fünf bis fünfzig wahlberechtigten Arbeitnehmern wird der Betriebsrat in einem zweistufigen Verfahren gewählt. Auf einer ersten Wahlversammlung wird der Wahlvorstand nach § 17a Nr. 3 gewählt. Auf einer zweiten Wahlversammlung wird der Betriebsrat in geheimer und unmittelbarer Wahl gewählt. Diese Wahlversammlung findet eine Woche nach der Wahlversammlung zur Wahl des Wahlvorstands statt.

(2) Wahlvorschläge können bis zum Ende der Wahlversammlung zur Wahl des Wahlvorstands nach § 17a Nr. 3 gemacht werden; für Wahlvorschläge der Arbeitnehmer gilt § 14 Abs. 4 mit der Maßgabe, dass für Wahlvorschläge, die erst auf dieser Wahlversammlung gemacht werden, keine Schriftform erforderlich ist.

[...]

§ 17 Bestellung des Wahlvorstands in Betrieben ohne Betriebsrat

[...]

(3) Zu dieser Betriebsversammlung können drei wahlberechtigte Arbeitnehmer des Betriebs oder eine im Betrieb vertretene Gewerkschaft einladen und Vorschläge für die Zusammensetzung des Wahlvorstands machen.
[...]

§ 77 Durchführung gemeinsamer Beschlüsse, Betriebsvereinbarungen

(1) Vereinbarungen zwischen Betriebsrat und Arbeitgeber, auch soweit sie auf einem Spruch der Einigungsstelle beruhen, führt der Arbeitgeber durch, es sei denn, dass im Einzelfall etwas anderes vereinbart ist. Der Betriebsrat darf nicht durch einseitige Handlungen in die Leitung des Betriebs eingreifen.

(2) Betriebsvereinbarungen sind von Betriebsrat und Arbeitgeber gemeinsam zu beschließen und schriftlich niederzulegen. Sie sind von beiden Seiten zu unterzeichnen; dies gilt nicht, soweit Betriebsvereinbarungen auf einem Spruch der Einigungsstelle beruhen. Der Arbeitgeber hat die Betriebsvereinbarungen an geeigneter Stelle im Betrieb auszulegen.

(3) Arbeitsentgelte und sonstige Arbeitsbedingungen, die durch Tarifvertrag geregelt sind oder üblicherweise geregelt werden, können nicht Gegenstand einer Betriebsvereinbarung sein. Dies gilt nicht, wenn ein Tarifvertrag den Abschluss ergänzender Betriebsvereinbarungen ausdrücklich zulässt.

(4) Betriebsvereinbarungen gelten unmittelbar und zwingend. Werden Arbeitnehmern durch die Betriebsvereinbarung Rechte eingeräumt, so ist ein Verzicht auf sie nur mit Zustimmung des Betriebsrats zulässig. Die Verwirkung dieser Rechte ist ausgeschlossen. Ausschlussfristen für ihre Geltendmachung sind nur insoweit zulässig, als sie in einem Tarifvertrag oder einer Betriebsvereinbarung vereinbart werden; dasselbe gilt für die Abkürzung der Verjährungsfristen.

(5) Betriebsvereinbarungen können, soweit nichts anderes vereinbart ist, mit einer Frist von drei Monaten gekündigt werden.
[...]

Bürgerliches Gesetzbuch (BGB)

§ 104 Geschäftsunfähigkeit

Geschäftsunfähig ist:
1. wer nicht das siebente Lebensjahr vollendet hat, [...]

§ 105 Nichtigkeit der Willenserklärung

(1) Die Willenserklärung eines Geschäftsunfähigen ist nichtig.

[...]

§ 106 Beschränkte Geschäftsfähigkeit Minderjähriger

Ein Minderjähriger, der das siebente Lebensjahr vollendet hat, ist [...] in der Geschäftsfähigkeit beschränkt.

§ 107 Einwilligung des gesetzlichen Vertreters

Der Minderjährige bedarf zu einer Willenserklärung, durch die er nicht lediglich einen rechtlichen Vorteil erlangt, der Einwilligung seines gesetzlichen Vertreters.

§ 108 Vertragsschluss ohne Einwilligung

(1) Schließt der Minderjährige einen Vertrag ohne die erforderliche Einwilligung des gesetzlichen Vertreters, so hängt die Wirksamkeit des Vertrags von der Genehmigung des Vertreters ab.

[...]

§ 110 Bewirken der Leistung mit eigenen Mitteln

Ein von dem Minderjährigen ohne Zustimmung des gesetzlichen Vertreters geschlossener Vertrag gilt als von Anfang an wirksam, wenn der Minderjährige die vertragsmäßige Leistung mit Mitteln bewirkt, die ihm zu diesem Zweck oder zu freier Verfügung von dem Vertreter oder mit dessen Zustimmung von einem Dritten überlassen worden sind.

GmbH-Gesetz (GmbHG)

§ 1 Zweck; Gründerzahl

Gesellschaften mit beschränkter Haftung können nach Maßgabe der Bestimmungen dieses Gesetzes zu jedem gesetzlich zulässigen Zweck durch eine oder mehrere Personen errichtet werden.

§ 2 Form des Gesellschaftsvertrags

(1) Der Gesellschaftsvertrag bedarf notarieller Form. Er ist von sämtlichen Gesellschaftern zu unterzeichnen.

[...]

(2) Die Unterzeichnung durch Bevollmächtigte ist nur auf Grund einer notariell errichteten oder beglaubigten Vollmacht zulässig.

§ 3 Inhalt des Gesellschaftsvertrags

(1) Der Gesellschaftsvertrag muss enthalten:

1. die Firma und den Sitz der Gesellschaft,
2. den Gegenstand des Unternehmens,

3. den Betrag des Stammkapitals,
4. die Zahl und die Nennbeträge der Geschäftsanteile, die jeder Gesellschafter gegen Einlage auf das Stammkapital (Stammeinlage) übernimmt.

[...]

§ 5 Stammkapital; Geschäftsanteil

(1) Das Stammkapital der Gesellschaft muss mindestens fünfundzwanzigtausend Euro betragen.

[...]

(3) Die Höhe der Nennbeträge der einzelnen Geschäftsanteile kann verschieden bestimmt werden. Die Summe der Nennbeträge aller Geschäftsanteile muss mit dem Stammkapital übereinstimmen.

[...]

Jugendarbeitsschutzgesetz (JArbSchG)

§ 9 Berufsschule

(1) Der Arbeitgeber hat den Jugendlichen für die Teilnahme am Berufsschulunterricht freizustellen. Er darf den Jugendlichen nicht beschäftigen

1. vor einem vor 9 Uhr beginnenden Unterricht; dies gilt auch für Personen, die über 18 Jahre alt und noch berufsschulpflichtig sind,
2. an einem Berufsschultag mit mehr als fünf Unterrichtsstunden von mindestens je 45 Minuten, einmal in der Woche,
3. in Berufsschulwochen mit einem planmäßigen Blockunterricht von mindestens 25 Stunden an mindestens fünf Tagen; zusätzliche betriebliche Ausbildungsveranstaltungen bis zu zwei Stunden wöchentlich sind zulässig.

(2) Auf die Arbeitszeit werden angerechnet

1. Berufsschultage nach Absatz 1 Nr. 2 mit acht Stunden,
2. Berufsschulwochen nach Absatz 1 Nr. 3 mit 40 Stunden,
3. im übrigen die Unterrichtszeit einschließlich der Pausen.

(3) Ein Entgeltausfall darf durch den Besuch der Berufsschule nicht eintreten.

Urteil des Bundesarbeitsgerichts (BAG) vom 27. Mai 1992

(Aktenzeichen 5 AZR 252/91)

Berufsschultage richtig anrechnen

Berufsschultage mit über fünf Unterrichtsstunden von mindestens 45 Minuten werden bei Berufsschulpflichtigen mit jeweils acht Stunden auf die gesetzliche Höchstarbeitszeit von 40 Stunden wöchentlich angerechnet. Sie dürfen nicht auf die kürzere tarifliche Ausbildungszeit angerechnet werden. Dies gilt nach der jetzt mit Begründung vorliegenden Entscheidung dann, wenn die Anrechnung in Tarifverträgen nicht detailliert geregelt ist oder diese lediglich einen pauschalen Hinweis auf das Jugendarbeitsschutzgesetz enthalten.

Mutterschutzgesetz (MuSchG)

§ 9 Kündigungsverbot

(1) Die Kündigung gegenüber einer Frau während der Schwangerschaft und bis zum Ablauf von vier Monaten nach der Entbindung ist unzulässig, wenn dem Arbeitgeber zur Zeit der Kündigung die Schwangerschaft oder Entbindung bekannt war oder innerhalb zweier Wochen nach Zugang der Kündigung mitgeteilt wird; das Überschreiten dieser Frist ist unschädlich, wenn es auf einem von der Frau nicht zu vertretenden Grund beruht und die Mitteilung unverzüglich nachgeholt wird. Die Vorschrift des Satzes 1 gilt für Frauen, die den in Heimarbeit Beschäftigten gleichgestellt sind, nur, wenn sich die Gleichstellung auch auf den Neunten Abschnitt – Kündigung – des Heimarbeitsgesetzes vom 14. März 1951 (BGBl. I S. 191) erstreckt.

[...]

(3) Die für den Arbeitsschutz zuständige oberste Landesbehörde oder die von ihr bestimmte Stelle kann in besonderen Fällen, die nicht mit dem Zustand einer Frau während der Schwangerschaft oder ihrer Lage bis zum Ablauf von vier Monaten nach der Entbindung in Zusammenhang stehen, ausnahmsweise die Kündigung für zulässig erklären. Die Kündigung bedarf der schriftlichen Form und sie muss den zulässigen Kündigungsgrund angeben.

[...]

Sozialgerichtsgesetz (SGG)

§ 54 Gegenstand der Klage

(1) Durch Klage kann die Aufhebung eines Verwaltungsakts oder seine Abänderung [...] begehrt werden. [...]

§ 78 Vorverfahren als Klagevoraussetzung

(1) Vor Erhebung der Anfechtungsklage sind Rechtmäßigkeit und Zweckmäßigkeit des Verwaltungsakts in einem Vorverfahren nachzuprüfen.

[...]

§ 83 Widerspruch

Das Vorverfahren beginnt mit der Erhebung des Widerspruchs.

§ 84 Form des Widerspruchs

(1) Der Widerspruch ist binnen eines Monats, nachdem der Verwaltungsakt dem Beschwerten bekanntgegeben worden ist, schriftlich oder zur Niederschrift bei der Stelle einzureichen, die den Verwaltungsakt erlassen hat. [...]

§ 87 Klagefrist

(1) Die Klage ist binnen eines Monats nach Bekanntgabe des Verwaltungsakts zu erheben. [...]

§ 90 Klageerhebung

Die Klage ist bei dem zuständigen Gericht der Sozialgerichtsbarkeit schriftlich oder zur Niederschrift des Urkundsbeamten der Geschäftsstelle zu erheben.

Sozialgesetzbuch (SGB) Drittes Buch (III) – Arbeitsförderung

§ 56 Berufsausbildungsbeihilfe

(1) Auszubildende haben Anspruch auf Berufsausbildungsbeihilfe während einer Berufsausbildung, wenn

1. die Berufsausbildung förderungsfähig ist,
2. sie zum förderungsfähigen Personenkreis gehören und die sonstigen persönlichen Voraussetzungen für eine Förderung erfüllt sind und
3. ihnen die erforderlichen Mittel zur Deckung des Bedarfs für den Lebensunterhalt, die Fahrkosten und die sonstigen Aufwendungen (Gesamtbedarf) nicht anderweitig zur Verfügung stehen.

[...]

§ 57 Förderungsfähige Berufsausbildung

(1) Eine Berufsausbildung ist förderungsfähig, wenn sie in einem nach dem Berufsbildungsgesetz, der Handwerksordnung oder dem Seearbeitsgesetz staatlich anerkannten Ausbildungsberuf betrieblich oder außerbetrieblich oder nach dem Altenpflegegesetz betrieblich durchgeführt wird und der dafür vorgeschriebene Berufsausbildungsvertrag abgeschlossen worden ist.

(2) Förderungsfähig ist die erste Berufsausbildung. Eine zweite Berufsausbildung kann gefördert werden, wenn zu erwarten ist, dass eine berufliche Eingliederung dauerhaft auf andere Weise nicht erreicht werden kann und durch die zweite Berufsausbildung die berufliche Eingliederung erreicht wird.

(3) Nach der vorzeitigen Lösung eines Berufsausbildungsverhältnisses darf erneut gefördert werden, wenn für die Lösung ein berechtigter Grund bestand.

§ 60 Sonstige persönliche Voraussetzungen

(1) Die oder der Auszubildende wird bei einer Berufsausbildung nur gefördert, wenn sie oder er

1. außerhalb des Haushaltes der Eltern oder eines Elternteils wohnt und
2. die Ausbildungsstätte von der Wohnung der Eltern oder eines Elternteils aus nicht in angemessener Zeit erreichen kann.

[...]

§ 67 Einkommensanrechnung

(1) Auf den Gesamtbedarf sind die Einkommen der folgenden Personen in der Reihenfolge ihrer Nennung anzurechnen:
1. der oder des Auszubildenden,
2. der Person, mit der die oder der Auszubildende verheiratet oder in einer Lebenspartnerschaft verbunden ist und von der sie oder er nicht dauernd getrennt lebt, und
3. der Eltern der oder des Auszubildenden.

[...]

§ 81 Grundsatz

(1) Arbeitnehmerinnen und Arbeitnehmer können bei beruflicher Weiterbildung durch Übernahme der Weiterbildungskosten gefördert werden, wenn

1. die Weiterbildung notwendig ist, um sie bei Arbeitslosigkeit beruflich einzugliedern, eine ihnen drohende Arbeitslosigkeit abzuwenden oder weil bei ihnen wegen fehlenden Berufsabschlusses die Notwendigkeit der Weiterbildung anerkannt ist,
2. die Agentur für Arbeit sie vor Beginn der Teilnahme beraten hat und
3. die Maßnahme und der Träger der Maßnahme für die Förderung zugelassen sind.

Als Weiterbildung gilt die Zeit vom ersten Tag bis zum letzten Tag der Maßnahme mit Unterrichtsveranstaltungen, es sei denn, die Maßnahme ist vorzeitig beendet worden.

(2) Anerkannt wird die Notwendigkeit der Weiterbildung bei Arbeitnehmerinnen und Arbeitnehmern wegen fehlenden Berufsabschlusses, wenn sie

1. über einen Berufsabschluss verfügen, jedoch auf Grund einer mehr als vier Jahre ausgeübten Beschäftigung in an- oder ungelernter Tätigkeit eine dem Berufsabschluss entsprechende Beschäftigung voraussichtlich nicht mehr ausüben können, oder

2. nicht über einen Berufsabschluss verfügen, für den nach bundes- oder landesrechtlichen Vorschriften eine Ausbildungsdauer von mindestens zwei Jahren festgelegt ist; Arbeitnehmerinnen und Arbeitnehmer ohne einen solchen Berufsabschluss, die noch nicht drei Jahre beruflich tätig gewesen sind, können nur gefördert werden, wenn eine Berufsausbildung oder eine berufsvorbereitende Bildungsmaßnahme aus in ihrer Person liegenden Gründen nicht möglich oder nicht zumutbar ist.

[...]

§ 83 Weiterbildungskosten

(1) Weiterbildungskosten sind die durch die Weiterbildung unmittelbar entstehenden

1. Lehrgangskosten und Kosten für die Eignungsfeststellung,
2. Fahrkosten,
3. Kosten für auswärtige Unterbringung und Verpflegung,
4. Kosten für die Betreuung von Kindern.

[...]

Sozialgesetzbuch (SGB) Fünftes Buch (V) – Gesetzliche Krankenversicherung

§ 175 Ausübung des Wahlrechts

(1) Die Ausübung des Wahlrechts ist gegenüber der gewählten Krankenkasse zu erklären. Diese darf die Mitgliedschaft nicht ablehnen. [...]

(...)

(4) Versicherungspflichtige und Versicherungsberechtigte sind an die Wahl der Krankenkasse mindestens 18 Monate gebunden. Eine Kündigung der Mitgliedschaft ist zum Ablauf des übernächsten Kalendermonats möglich, gerechnet von dem Monat, in dem das Mitglied die Kündigung erklärt. Die Krankenkasse hat dem Mitglied unverzüglich, spätestens jedoch innerhalb von zwei Wochen nach Eingang der Kündigung eine Kündigungsbestätigung auszustellen. Die Kündigung wird wirksam, wenn das Mitglied innerhalb der Kündigungsfrist eine Mitgliedschaft bei einer anderen Krankenkasse durch eine Mitgliedsbescheinigung oder das Bestehen einer anderweitigen Absicherung im Krankheitsfall nachweist. Erhebt die Krankenkasse nach § 242 Absatz 1 erstmals einen Zusatzbeitrag oder erhöht sie ihren Zusatzbeitragssatz, kann die Kündigung der Mitgliedschaft abweichend von Satz 1 bis zum Ablauf des Monats erklärt werden, für den der Zusatzbeitrag erstmals erhoben wird oder für den der Zusatzbeitragssatz erhöht wird. Die Krankenkasse hat spätestens einen Monat

vor dem in Satz 5 genannten Zeitpunkt ihre Mitglieder in einem gesonderten Schreiben auf das Kündigungsrecht nach Satz 5, auf die Höhe des durchschnittlichen Zusatzbeitragssatzes nach § 242a sowie auf die Übersicht des Spitzenverbandes Bund der Krankenkassen zu den Zusatzbeitragssätzen der Krankenkassen nach § 242 Absatz 5 hinzuweisen; überschreitet der neu erhobene Zusatzbeitrag oder der erhöhte Zusatzbeitragssatz den durchschnittlichen Zusatzbeitragssatz, so sind die Mitglieder auf die Möglichkeit hinzuweisen, in eine günstigere Krankenkasse zu wechseln. Kommt die Krankenkasse ihrer Hinweispflicht nach Satz 6 gegenüber einem Mitglied verspätet nach, gilt eine erfolgte Kündigung als in dem Monat erklärt, für den der Zusatzbeitrag erstmalig erhoben wird oder für den der Zusatzbeitragssatz erhöht wird; hiervon ausgenommen sind Kündigungen, die bis zu dem in Satz 5 genannten Zeitpunkt ausgeübt worden sind. Die Sätze 1 und 4 gelten nicht, wenn die Kündigung eines Versicherungsberechtigten erfolgt, weil die Voraussetzungen einer Versicherung nach § 10 erfüllt sind, Satz 1 gilt nicht, wenn die Kündigung erfolgt, weil keine Mitgliedschaft bei einer Krankenkasse begründet werden soll. Die Krankenkassen können in ihren Satzungen vorsehen, dass die Frist nach Satz 1 nicht gilt, wenn eine Mitgliedschaft bei einer anderen Krankenkasse der gleichen Kassenart begründet werden soll.

[...]

Sozialgesetzbuch (SGB) Sechstes Buch (VI) – Gesetzliche Rentenversicherung

§ 43 Rente wegen Erwerbsminderung

(1) Versicherte haben bis zum Erreichen der Regelaltersgrenze Anspruch auf Rente wegen teilweiser Erwerbsminderung, wenn sie

1. teilweise erwerbsgemindert sind,
2. in den letzten fünf Jahren vor Eintritt der Erwerbsminderung drei Jahre Pflichtbeiträge für eine versicherte Beschäftigung oder Tätigkeit haben und
3. vor Eintritt der Erwerbsminderung die allgemeine Wartezeit erfüllt haben.

Teilweise erwerbsgemindert sind Versicherte, die wegen Krankheit oder Behinderung auf nicht absehbare Zeit außerstande sind, unter den üblichen Bedingungen des allgemeinen Arbeitsmarktes mindestens sechs Stunden täglich erwerbstätig zu sein.

(2) Versicherte haben bis zum Erreichen der Regelaltersgrenze Anspruch auf Rente wegen voller Erwerbsminderung, wenn sie

1. voll erwerbsgemindert sind,

2. in den letzten fünf Jahren vor Eintritt der Erwerbsminderung drei Jahre Pflichtbeiträge für eine versicherte Beschäftigung oder Tätigkeit haben und
3. vor Eintritt der Erwerbsminderung die allgemeine Wartezeit erfüllt haben.

Voll erwerbsgemindert sind Versicherte, die wegen Krankheit oder Behinderung auf nicht absehbare Zeit außerstande sind, unter den üblichen Bedingungen des allgemeinen Arbeitsmarktes mindestens drei Stunden täglich erwerbstätig zu sein. […]

(3) Erwerbsgemindert ist nicht, wer unter den üblichen Bedingungen des allgemeinen Arbeitsmarktes mindestens sechs Stunden täglich erwerbstätig sein kann; dabei ist die jeweilige Arbeitsmarktlage nicht zu berücksichtigen.
[…]

§ 102 Befristung und Tod

(1) Sind Renten befristet, enden sie mit Ablauf der Frist. Dies schließt eine vorherige Änderung oder ein Ende der Rente aus anderen Gründen nicht aus. Renten dürfen nur auf das Ende eines Kalendermonats befristet werden.

(2) Renten wegen verminderter Erwerbsfähigkeit und große Witwenrenten oder große Witwerrenten wegen Minderung der Erwerbsfähigkeit werden auf Zeit geleistet. Die Befristung erfolgt für längstens drei Jahre nach Rentenbeginn. Sie kann verlängert werden; dabei verbleibt es bei dem ursprünglichen Rentenbeginn. Verlängerungen erfolgen für längstens drei Jahre nach dem Ablauf der vorherigen Frist. Renten, auf die ein Anspruch unabhängig von der jeweiligen Arbeitsmarktlage besteht, werden unbefristet geleistet, wenn unwahrscheinlich ist, dass die Minderung der Erwerbsfähigkeit behoben werden kann; hiervon ist nach einer Gesamtdauer der Befristung von neun Jahren auszugehen. […]

Tarifvertragsgesetz (TVG)

§ 2 Tarifvertragsparteien

(1) Tarifvertragsparteien sind Gewerkschaften, einzelne Arbeitgeber sowie Vereinigungen von Arbeitgebern.
[…]

(3) Spitzenorganisationen können selbst Parteien eines Tarifvertrags sein, wenn der Abschluss von Tarifverträgen zu ihren satzungsgemäßen Aufgaben gehört.

[...]

§ 4 Wirkung der Rechtsnormen

(1) Die Rechtsnormen des Tarifvertrags, die den Inhalt, den Abschluss oder die Beendigung von Arbeitsverhältnissen ordnen, gelten unmittelbar und zwingend zwischen den beiderseits Tarifgebundenen, die unter den Geltungsbereich des Tarifvertrags fallen. Diese Vorschrift gilt entsprechend für Rechtsnormen des Tarifvertrags über betriebliche und betriebsverfassungsrechtliche Fragen.

[...]

(3) Abweichende Abmachungen sind nur zulässig, soweit sie durch den Tarifvertrag gestattet sind oder eine Änderung der Regelungen zugunsten des Arbeitnehmers enthalten.

(4) Ein Verzicht auf entstandene tarifliche Rechte ist nur in einem von den Tarifvertragsparteien gebilligten Vergleich zulässig. Die Verwirkung von tariflichen Rechten ist ausgeschlossen. Ausschlussfristen für die Geltendmachung tariflicher Rechte können nur im Tarifvertrag vereinbart werden.

(5) Nach Ablauf des Tarifvertrags gelten seine Rechtsnormen weiter, bis sie durch eine andere Abmachung ersetzt werden.

§ 5 Allgemeinverbindlichkeit

(1) Das Bundesministerium für Arbeit und Soziales kann einen Tarifvertrag im Einvernehmen mit einem aus je drei Vertretern der Spitzenorganisationen der Arbeitgeber und der Arbeitnehmer bestehenden Ausschuss (Tarifauschuss) auf gemeinsamen Antrag der Tarifvertragsparteien für allgemeinverbindlich erklären, wenn die Allgemeinverbindlicherklärung im öffentlichen Interesse geboten erscheint. Die Allgemeinverbindlicherklärung erscheint in der Regel im öffentlichen Interesse geboten, wenn

1. der Tarifvertrag in seinem Geltungsbereich für die Gestaltung der Arbeitsbedingungen überwiegende Bedeutung erlangt hat oder
2. die Absicherung der Wirksamkeit der tarifvertraglichen Normsetzung gegen die Folgen wirtschaftlicher Fehlentwicklung eine Allgemeinverbindlicherklärung verlangt.

(1a) Das Bundesministerium für Arbeit und Soziales kann einen Tarifvertrag über eine gemeinsame Einrichtung zur Sicherung ihrer Funktions-

fähigkeit im Einvernehmen mit dem Tarifausschuss auf gemeinsamen Antrag der Tarifvertragsparteien für allgemeinverbindlich erklären, wenn der Tarifvertrag die Einziehung von Beiträgen und die Gewährung von Leistungen durch eine gemeinsame Einrichtung mit folgenden Gegenständen regelt:
1. den Erholungsurlaub, ein Urlaubsgeld oder ein zusätzliches Urlaubsgeld,
2. eine betriebliche Altersversorgung im Sinne des Betriebsrentengesetzes,
3. die Vergütung der Auszubildenden oder die Ausbildung in überbetrieblichen Bildungsstätten,
4. eine zusätzliche betriebliche oder überbetriebliche Vermögensbildung der Arbeitnehmer,
5. Lohnausgleich bei Arbeitszeitausfall, Arbeitszeitverkürzung oder Arbeitszeitverlängerung.
[...]

(3) Erhebt die oberste Arbeitsbehörde eines beteiligten Landes Einspruch gegen die beantragte Allgemeinverbindlicherklärung, so kann das Bundesministerium für Arbeit und Soziales dem Antrag nur mit Zustimmung der Bundesregierung stattgeben.

(4) Mit der Allgemeinverbindlicherklärung erfassen die Rechtsnormen des Tarifvertrags in seinem Geltungsbereich auch die bisher nicht tarifgebundenen Arbeitgeber und Arbeitnehmer. Ein nach Absatz 1a für allgemeinverbindlich erklärter Tarifvertrag ist vom Arbeitgeber auch dann einzuhalten, wenn er nach § 3 an einen anderen Tarifvertrag gebunden ist.
[...]

Sachwortverzeichnis